转型之战

Made in China 再出发

吴晓波频道◎编著

中国 友谊出版公司

第一章

中国制造业趋势分析

实录内容

产业观察

第三章

中国制造资本与营销的新部署

产业观察

品牌新事

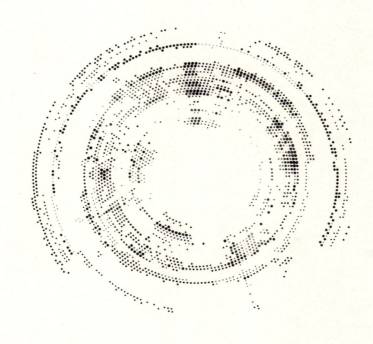

第一章　中国制造业趋势分析

中国制造业将迎来黄金五年

吴晓波：著名财经作家

一切坚硬的都将烟消云散，那些即将消灭我们的东西，将让我们变得更加强大。

——尼采

2015 年发现中国的制造业陷入了空前的迷茫，因为"互联网 +"。传统企业的转型是一个特别重要的话题。转型这件事情，其实是一个企业或者产业进入关键时刻。企业过去 3 年，预测未来 3 年年均增长能保持在 30%，年净利润在 50% 左右，这个企业发展得挺好，只需要把管理做好，效率提高，现金流控制好，就不需要转型。转型是企业从原来模型发展到今天突然间发现失去动力，进入一个迷茫期，就需要转型。

今年我们要做一些变化，转型已经到深度期，已经进入方法论，已经不是启蒙时代。如果说"互联网+"是传统产业启蒙，"互联网+"概念就是基础设施。今年我们要讲方法论，怎么转变，有哪些陷阱。制造业是中国所有产业的基础，如果中国制造业垮了，企业全部离开制造业的时候，中国经济一定会下滑。而且中国经济成功的一天一定是全球经济上升的一天。

2013年，中国开始成为全球第一制造业大国。我认为中国制造将迎来黄金五年。很多企业朋友说今天中国的制造业陷入特别困难的时期，是最艰难的一个时间点，甚至中国的经济在未来会处在什么样的状况，这是一个全球都在关注的话题。2014年，曾获得诺贝尔经济学奖的美国经济学家保罗·克鲁格曼（Paul R. Krugman）来到中国。回国后连续写了两篇文章，其中一篇发表在《纽约时报》，一篇在《外交杂志》。他说根据他的判断，中国经济现今处在一个崩溃的边缘，中国从2014年开始进入了长期瓶颈通道，2019—2020年左右中国经济会崩溃。在中国以外的经济学界，一半的经济学家与他的判断相似。今年4月我和150个企业家去德国的汉诺威参观他们的制造业。现在制造业有一个非常流行的概念叫工业4.0，这个名词就是2014年在汉诺威博览会上由德国提出来的，今天已经成为全球制造业的共识。到汉诺威，有中国8000多个企业家，中国人跑到那里去问的最多的话是："你这台设备多少钱？你这个企业卖不卖？"我们在德国看到，尤其是生产线，看到了机器人、激光打印，看到了芯片印刷武器等。之后我们去柏林，我们的大使馆非常友好，在使馆的商务处一个朱德元帅曾待过的小白楼，为我们举办了一个午餐会，请150多个企业家用餐。大使馆还邀请了德国工商总会。只要在德国注册企业，必须加入工商总会。他们又邀请了德国一个非常著名的研究中心的一名博士来跟我对话，第一句话说的是："吴老师，中国的经济，你们的民营企业和国有企业，到今天已经是奄奄一息了。"

我表示中国制造将迎来黄金五年，他不相信，他认为中国经济应该是迎来"黄脸婆"的年代，到了总崩溃的边缘。如果中国经济到了总崩溃的边缘，那个实现时间是2019—2020年。

我对中国制造业、中长期产业经济发展的看法是中国产业的命运、中国经济的命运，一定会掌握在企业家手中。未来5年后中国的产业经济是面临总崩溃的悲惨命运，还是完成脱胎换骨的转型，所有命运都掌握在企业自己手上。

一、中国制造业的四次大转型

（一）1949—1978年：军工优先的计划经济

从1978年到今天，我们经历了4次大的转型。如今我们不是第一次面临转型，中国的产业经济提到"转型升级"这个词，是在1998年。第一次转型在1978年，是中国改革开放的元年，召开了十一届三中全会。1978年之前是以军工优先的计划经济，1978年以后邓小平提出改革开放，要搞民生建设，要发展轻工业。1978年中国的制造业还非常落后，三中全会之后开始突飞猛进。1978年中国的经济总量是日本的1/3，我们在一个非常低的起点上开始第一次转型。

（二）1978—1992 年："轻小集加"的乡镇工业 + 专业市场

1978 年以后，中国完成了第一次转型的主力军，不是国有企业，而是乡镇企业。我们现在不谈乡镇企业，而是谈民营企业。其实那一段时间，中国有 4 年的时间是乡镇企业的转型，特别是"轻小集加"，即轻工业，小企业，集体经济，加工业。在军工重化的体系以外的企业，基本上是做纽扣、编织袋、衬衫、电缆、铁锅、自行车、印染等行业。这些企业慢慢地崛起，然后把国有企业的工程师挖走，引进它们的设备。广州有一个广交会，每年春秋两季举办，创办于 1957 年春季，是新中国成立以后历史最悠久、成交效果最好的综合性进出口商品交易会。当年这些"轻小集加"的企业是没有资格参加广交会的。1995 年，中国第一次出现一个名词叫"浙商"，因为 1992 年浙江开始搞市场经济，逐渐成为全国市场最发达的地区，到现在全球小商品市场在义乌，全世界最大的服装交易市场在杭州，当年浙江省有 3000 多家排名全国第一的专业市场。这就是第一次转型，乡镇企业在国营的流通体系以外建立了自己的流通体系。

1992 年中国开始建立中国特色的社会主义市场经济体制，中国经济进入一个新的方向，这个转型的变化怎么带来的呢？我们经过 1978—1992 年 14 年的发展，出现了两个阶段：第一个阶段，1988 年的时候中国乡镇企业在中国制造业的用户跟国有企业是一样的，中国乡镇企业的利润总额超过了国有企业。1988 年邓小平讲了一句话，中国改革 10 年，最大的意外是乡镇企业的异军突起，乡镇企业已经撑起了中国的半壁江山。我们通过近 15 年的发展，中国的产业规模开始扩大，突然间由一个短缺经济慢慢进入满足经济，1992 年之前，只要有产品，就能卖掉。之后开始逐渐转变为企业要有自己的品牌，品牌要有定位，要开拓自己的市场。企业的竞争力开始由生产能力变成了市场能力，中国经济发展到市场经济阶段。这之后，只会在车间里生产的企业很快被淘汰掉，因为没有营销模式，产品积压，形成大量卖不掉的库存。1992 年以后中国进入到第三次转型，从历史上看中国产业链，今天所在的时间点，是一个历史发展的连续过程。

（三）1992—1998 年：服装饮料和家电产业的崛起，第一次消费升级和品牌大战

1992 年以后中国商品开始发展，老百姓手里储蓄增加，所以我们要改善他们的生活。怎么办呢？让他们吃好穿好，所以服装、饮料行业还有保健品开始崛起。当我们满足了国民的吃穿等基本需求，1989 年以后开始有电视机，家电行业崛起。中国的服装品牌、中国的饮料品牌、中国的家电这三个行业被消费者熟知的品牌，90% 以上成名在 1992—1998 年之间，这就是中国的第三次转型。

（四）1998—2015 年：房产 + 汽车 Made in China，第二次消费升级

1998 年以后，我们又面临了一次转型，1998 年发生了一次经济危机，亚洲地区发生了一个货币的大泡沫，美国以索罗斯为代表挤进亚洲，中国政府成功抵御索罗斯的资本侵袭。在 1998 年召开的两会上，朱镕基总理提出，中国 70% 的工业制成品产能要提升，中国的制造企业要转型升级，带着国家往前走。1998 年中国开放房地产行业，中国取消了租赁分房，开始学香港，

按揭置房。中国房地产的元年是 1998 年，当大家开始买房子、买汽车的时候，中国的整个产业经济由服装、饮料、家电为主的轻工业模型向重工业发展，城市化进程中，需要大量的钢铁、铝、电、煤等原材料，所有的能源大规模生产，整个产业进入第四个阶梯。

1998 年，我国政府开放了中国进出口市场，以前所有的企业做外贸，需要通过进出口公司，1998 年之后民营企业不再需要通过它了。中国产品大规模进入国际市场，国外很多消费者买回来的东西基本都上是 Made in China。1999 年，马云创办阿里巴巴，半年时间让阿里巴巴在全球 C2B 电子商务的排名成为第一，他也成为中国第一个荣登《福布斯》封面的中国企业家。1999 年以后，相当长的时间里阿里巴巴，不是今天淘宝、天猫的阿里巴巴，是跟中国制造有关的阿里巴巴。

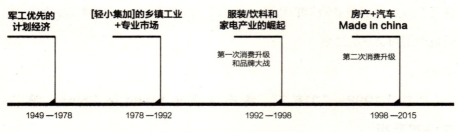

中国制造业的四次大转型

这就是 1978 年以来我们已经经历过的四次转型。其中经历了两次的消费转型。中国人开上汽车，住上商品房，全国出现此现象都是在 1998—2015 年期间。中国产业发展，走到今天，不是突然间成就的。1978 年以前的很多的军工企业，很多国有企业，都已经销声匿迹。1978 年以前中国有全世界最大的工农居住区，几十万住在那里，现在还有吗？1978 年到 1992 年之间很多乡镇企业也销声匿迹了。1984 年，北京的中关村开始发迹。最早的中关村是埋葬皇宫里的太监的地方，在北京郊区非常偏远的地方。1984 年很多人在那里卖电脑，开拓经贸市场，然后出现非常优秀的企业，1984 年联想成立。1988 年的时候，中关村最大的 10 家企业，到 2008 年的 10 年之后，排在前 100 位的中关村企业，仅剩 3 家。

1992 年以后，我们很多服装企业、饮料企业、家电企业，只有极少数的品牌存活到今天，活到了第四个产业周期。江山代有人才出，到 2015 年的时候中国的经济总量超过日本，成为全球第二大经济体。整个流程是一代一代企业家不断转型创新的结果。

二、中国制造业转型的传统优势

到今天，我们处在了中国制造业变革的第五个转型周期。中国经济自改革开放后的 36 年发展过程中，我们有三大优势：

第一，全球背景下的成本优势。中国非常的幸运，当我们 1978 年开始改革开放的时候，全球正在发生金融危机，劳动力成本开始大量上涨，所以发达国家开始把他们的制造业外包，中国获得发展契机。

1980 年，日本经济如日中天，大东京地区的土地价格总和相当于美利坚所有国土面积价值总和，土地价格上涨，劳动力成本上升，所以日本企业家潮水一样进驻中国。例如耐克鞋，就是从日本带过来的，在福州生产。我们劳动力成本很便宜，我们土地成本很便宜。我们对很多外资企业，政府出钱，你来建厂，这个模型最早出现在深圳。脑白金，中国给它提供生产场地，生产出来的产品中国销售不掉，以贸易的方式对外出口，所有的税减免，到国外销售。劳动力成本、税收成本、土地成本，很长一段时间中国的企业不需要承担。我在宁波长大，小时候可以跑到河里面游泳。到了1990年大学毕业，我进入财经行业，回到家乡，我站在河边望过去，一片白色的东西冲过来，整个河流都污染了。到今天长三角地区的地下水，300年不能饮用，这是我们这一代人付出的代价，我们以环境、劳动力、资源，血腥一样的代价形成了一个成本优势。

第二，**人口红利下的规模优势**。中国这个国家拥有全球最大的统一市场，14亿人口。生产一个产品，例如生产马桶盖，中国1/10的家庭购买使用，就比国外市场庞大。我到其他的国家，到第6天的时候就无法忍受，因为饮食不习惯。中国有庞大的菜系，除了鲁菜、川菜、粤菜等八大菜外，还有潮州菜、东北菜等菜系，还拥有诸多娱乐方式。中国是一个非常喜乐的民族，我们拥有众多菜系和娱乐方式,在那么喜乐的民族,怎么会赚不到钱？30多年来，借助如此大的人口基数，中国很多企业形成庞大的规模优势。

第三，**体制改革下的制度优势**。99%的民营企业，我们的竞争对手是国有企业，1978年以后，中国是一个逐渐市场化的经济，1978年在北京是没有资格注册私营企业的。

从改革开放之后，我们的人力成本、土地成本相对比较低，国家和地方政府有很大的税收方面的优惠政策；在进口方面，会有一些政策保护民族企业。我看了一个调查，数据显示，80%的民营企业家对国家当前的营业税改增值税制度不满意，表示企业并没有得到税收的整体减免，有些行业反而还增加。同时，地方财政能够给到民营企业的税收政策逐步取消。在今天的中国，产能过剩，规模不再是优势，除了极少数的金融行业以外，中国绝大多数的产业已经是充分竞争市场。

今天制造业生存为什么很困难？第一，我们从 1978 年以来的历史上，当第四次转型结束以后，36 年来我们所具有的成本、规模和制度这三大优势，基本上丧失了。不是企业家不聪明，伴随中国人均 GDP 的增长，中国庞大的消费群体，行业还能保持 10% ～ 20% 的增长，为什么却赚不到钱呢？是原来的竞争优势丧失的原因。当今世界最可怕的是核心竞争能力突然间丧失。所谓转型，是我们要获得新的能力、新的工具、新的商业模式。这个是中国制造业今天所面临的问题。

三、挡在制造业面前的三座大山

当前挡在我们制造业面前的三座大山分别是通货紧缩、互联网的冲击和供需错配。

（一）通货紧缩

2015 年，我去国务院参加总理组织的经济座谈会。有一个经济学家从宏观经济分析来讲，今天中国处在通货紧缩时期，供给大于需求，满街都是商品。他们也认为中国未来 5 年内是黄金期，中国会处在通货紧缩时期，在这个时候大家不要有任何的幻想，在未来的 5 年仍然是供给大于需求。同时，这个宏观经济学家说，不仅中国处在通货紧缩，全球都处在通货紧缩阶段。在过去的两年里面，全世界各个中央政府都在干同一件事：加速印钞票。货币的量化宽松。

通货紧缩是全球性的经济现状。通货紧缩最大的问题是需求不足，需求不足最大的原因是没有提供好的商品给消费者。举个例子，如果全世界的电动汽车研发、推广已经成熟，消费者就会淘汰现在的汽车；如果利用太阳能驱动的汽车研发投入使用，消费者就会弃电动汽车去买一台太阳能汽车；如果现在无人汽车研发投入使用，它不需要驾驶员，坐在车上喊一声"现在去罗湖"，就可以被载到目的地，消费者很快会把太阳能汽车更换为无人车。全球处在一个工业革命新的产业突破期，对绝大多数行业来讲，没有出现革命性的竞争。现在买任何东西，都是现有的，缺少革命性的产品出现。

（二）互联网冲击

我们做制造业，朝九晚五，勤勤恳恳，然后一年下来，很多企业的净利率只有 3%~5%，做外贸的企业连 3% 都不到。有一些互联网企业，每年的净利率有 20%~30%，据 2015 年相关数据显示，百度净利率为 50.6%，阿里巴巴为 59.78%，腾讯为 28%，可见互联网行业对传统企业造成了极大的冲击。

2015 年谈论互联网对制造业的冲击，是传统制造业对互联网产生巨大恐惧的时候。在 2015 年十二届全国人大三次会议上，李克强总理在政府工作报告中第一次正式提到"互联网 +"行动计划。之后在全国各地制造企业开会，常常会提相同的问题："互联网 +"，我们企业到底该怎么办？

如果开会三个小时，有一个半小时我们的企业家会讨论一个问题，到底是"互联网＋"，还是"＋互联网"。互联网对传统业的冲击，已经不可忽视，启蒙时代已经结束，不论是"互联网＋"还是"＋互联网"，信息化浩浩荡荡的革命，对我们的冲击已经不可避免，主要表现在以下三个方面：

第一，电子商务：对外贸制造业的再造。首先是外贸转型，集中在1998—2002 年这阶段，2002 年以后出现一个广为人知的互联网平台——淘宝。

第二，淘宝＋支付宝：渠道与支付革命。淘宝建立一个新的网上交易平台，支付宝重构颠覆了现有的支付方式与信用关系。

第三，搜索的力量：信息重组。例如百度掌握了信息的入口，如果要了解一家企业，要去了解一个新闻，最便捷的方式就是去"百度"。

（三）供需错配

中国人为什么到香港去买奶粉？为什么到日本去买眼药水、电饭煲、马桶盖？我曾去巴黎老佛爷购物，有特别多的中国人去那里 shopping，门口站着两个保安，拉着一条绳子，放 10 个人进去，出来再放 10 个进去。迪拜有一个山泉酒店，有将近 500 间房间，2015 年的圣诞节，酒店的 500 间房间里面 490 间是中国人。所以国内企业没有满足消费者的购物需求，造成供需错配。

四、中小制造企业的经典困境

在这样的背景下，中小企业就出现了经典困境。

第一个困境，成本规模的惯性成长。曾经我们通过成本优势，通过规模优势可以轻松生存发展，突然有一天这些优势丧失了，该怎么办？长久形成的惯性难以摆脱。

第二，存量能力对增量创新形式组织形成掣肘。企业说我这个品牌是中国驰名商标，中国驰名商标在淘宝、天猫店里的价值是多少？几乎为零。中国现在还有评中国品牌价值榜，我认为意义很小。品牌是由消费者认可度决定。一个"60后"非常熟悉的品牌——李宁，提到李宁，"60后"想到了中国体育史上多次获得国际体操冠军的运动员李宁。"90后"多数不知道李宁，但知道李易峰。你的品牌能力、渠道能力、工业设计能力、组织能力、团队能力，对创新来说，都不具备组织上的资产优势。

如果你是一个传统的制造企业，如果你要创新，有几个原则。第一个原则，在组织上必须切割开。在存量市场负责销售、采购、运营的人，连同 HR，到了信息领域，除了财务以外，都需要切割。对传统制造业和服务业人才的定义和对新型企业人才需求的定义，不一样。第二点，在新的增量部门里面，领导者，核心团队年龄必须要"80后"为主，如果这两个前提丧失的话，企业生存发展将非常的难。第一，组织上的老化；第二，人才上的老化。你们的存量在新组织，要清零，这个很难。

第三，企业领导者的观念和能力全面老化。如果未来 5 年是中国制造业的黄金年，一个企业要生存发展，最大的障碍者是企业领导的能力和观念的禁锢，所以当你已经不知道年轻人是怎么想的，对新的技术完全失去敏感性，你的知识储备已经完全老化，你对过去的成功过于迷恋，你对年轻人完全失去信任，这样的企业家必然限制企业的发展。我们说产业淘汰，如果是一个新常态的话，更残酷的是一代一代的企业家将会被淘汰。

五、中国制造业的三大战略新起点

制造业存在那么多困难，为什么说会有黄金五年呢？黄金从哪里来？因为中国制造业现在有三个战略新起点。

第一，互联网已经成为普惠性工程，它已成为我们的基础设施。基础设施的特点是什么？两个特点：一是无所不在，互联网对我们今天来讲是一个无所不在的存在；二是非常的便宜。如果 BAT 三个老板解释什么叫互联网，我认为他们告诉你一个标准答案是：互联网连接一切。在过去 20 年里面我们用新的方式重新连接了世界，原来和一个人交流，要写信；现在，用 E-mail、打电话、QQ、微信等即时通信工具。原来有一件服装要卖给你，需要在繁华地段租一个店面，把货铺进去，然后销售。原来说一铺传三代，现在还在吗？现在这个中介被抹掉了。互联网连接一切，连接的过程中就会出现各种各样的工具，网站、RM、搜索、平台。长期以来互联网的逻辑，通过非常便宜的方式，免费战役、补贴战役，来吸引受众，互联网把大家连接起来以后形成流量。互联网企业能够通过流量来赢利。

今天所有的连接工具都已经完成，连接的成本会变得越来越便宜。例如，服装行业在深圳租一个店铺，这个店铺的成本基本上占运营成本的 25%，而互联网可以节省这个成本。

但是，当所有的工具都已经完成以后，我们所有的人要转型，我们想要变革，今天的 BAT 也面临一个新的挑战，是因为"流量为王"的时代已经结束。如果未来我们做互联网，我们卖东西，如果你的生意仍然要借助于流量分发的话，你的成本会比地面店还要高。今天为什么出现很多网红，为什么出现直播模式，为什么出现社群经济，都是对"流量为王"的反驳，在这个时候，我们说要告别马云，过去几年来所形成的一些互联网经济，"流量为王"的互联网，这些我们耳熟能详的，将会烟消云散，互联网启蒙时代已经结束，它已经变成了我们的基础设施。未来最主要的能力，就是怎么样跑得快一点，我们的根本还是做好的产品。制造业不能因为这些互联网的企业家而丧失信心，也不要把命运寄托在 BAT 的身上，马云、马化腾、李彦宏，他们全部都是我们的工具提供者而已。这是一个新的起点，互联网发展到今天，工具革命已经结束。在虚拟竞技上，未来 5 年内不再发生任何意义上的工具革命，这是一个好消息。美国也没有发生，互联网革命在美国两年前就已经结束了。工具时代已经结束，成为一种普惠性工具。

第二，全球的第四次工业革命。怎么能提高劳动生产效率、迭代产品，全球的制造业都在思考怎样重振制造业这个问题。奥巴马对制造业非常重视，提出"美国制造业再造计划"，日本叫"日本工业复兴计划"，德国叫"工业 4.0"，中国叫"中国制造 2.2"。为什么德国、美国、日本、中国重新把国家战略放到制造业上？是因为信息化革命已经结束，互联网已经变成了普惠性工具，工业 4.0 跟互联网成为普惠工具是一个结构性关系。很多人会问：什么叫工业 4.0？1.0 是什么？1.0 是英国人发明的，发明了蒸汽机。2.0

是美国人发明的，19 世纪和 20 世纪初以美国的汽车为代表，例如福特汽车的流水线生产工艺。3.0 是以日本为代表，以松下、丰田、东芝、夏普为代表的信息化、生产线的工程、机械化管理为代表的 3.0。现在德国提出工业4.0，是自整个制造工业革命以来新的革命。

在未来的工业复兴计划中，第四次工业革命中，美国人和德国人的路径是不一样的，中国是夹在中间。美国人认为他们的战略计划是要很多硬件，比如说要搞航天飞机、无人汽车、VR 系统，美国人会把它过去 20 年所主导的信息革命的成果继续放大。IT 业所形成的能力会继续被解构。我们是生产车间最结集的国家，德国从来很少出现像乔布斯和埃隆·马斯克这样的企业家。在汉诺威看到很多生产革命，例如一条杯子的生产线，中国企业家想把生产线买回去，德国人会说，不用这样，买过去都是一个工艺模具，生产完这个东西，这个商品如果被迭代，生产线需要重新组装，也许会变成另外一个东西，整个生产流线化，成为一个传感器。德国一个生产线，也许会成为全世界工业 4.0 的标准工程。

民营企业家去汉诺威参观学习，回来有人问去汉诺威有什么体会。总结为三个体会：盯住德国人，学他们的生产线革命，学他们的车间革命；学习美国人；买卖全世界。

在未来的几年内，买全世界制造业中间产业的部分，可以极大地取胜。未来几年内，我们不但要把产品卖到全世界去，还要用人民币买他们的车间、工厂，买他们的机器。今年 5 月我去联想做调研，2014 年，联想花费29 亿美元收购了摩托罗拉，为什么要买摩托罗拉？因为全世界第一台手机是摩托罗拉生产的，摩托罗拉这家公司，无论是智能机也好，功能机也好，拥有移动手机产品里大概 1200 多项发明专利，全世界做手机的都要付给摩托罗拉几美金专利费。有一些技术掌握在三星和苹果手上，但它们也需要向摩托罗拉买专利，摩托罗拉也可以跟它们交换专利。

第三，消费升级诱发供给侧改革。"供给侧改革"这个词是 2015 年 11 月，在中央财经领导小组会议上第一次提出的，供给侧结构改革。我认为这个词是"十三五规划"期间中国制造业改革的一个核心战略。这说明什么呢？说明政府已经对制造业产能落后的淘汰下定了决心。中央政府已经清晰地认识到供给侧改革，通货紧缩的重要性。供给错配会产生势能，这个势能可以称为适配势能，只要把它配起来，制造业就有机会。欧洲和日本有供给侧配吗？没有。供给侧改革，是为了满足新的消费需求，因为中国产生新的消费人群，这些消费人群是谁呢？他们是中产阶级，这是供给侧改革真正的意义所在。

2009 年，我曾主持过一个课题调研，当年美国一家有 70 多年的公司 Hay Group（合益咨询公司），这家公司有一个项目叫企业家数字模型，帮各个国家建数字模型，他们也曾帮日本、印度的企业家做数字模型。当时帮中国的企业家做数字模型，找了当时 20 个知名度高的中国企业家，每位企业家访谈 20 个小时，把这些访谈的结果形成一个结论，把这些结论与其他国家的结果对照，总结出你这个企业家数字模型是什么，我是这个项目的总顾问。访问以后做报告，模型做出来之后，结果很有意思：第一，中国这一代企业家重于进攻，输于防守，呼啸天下，粮草没跟上；第二，中国大多数的企业家都是狮子型，就是统治欲望很强，团队建构能力不强，总结为"一只狮子带着一群绵羊"；第三，东方企业家的传统性，讲天下，救世。其中有一条，我当时看到大吃一惊，他们说，中国企业家面对本土市场的创新不足。这一代中国的企业家面对全球最大的本土市场，既然创新不足，产品从哪里来的？多数是从别的地方抄来的。在过去30年里，没有一个外国在中国公司起诉中国的企业侵犯知识产权申诉是成功的。中国的知识产权就是保护中国的企业。山地车的品牌多是法国和中国台湾的，今天在中国买到几千块的山地车，所有的指标，比如说它的刹车，比如说脚蹬的高度，全部是欧洲人的标准。他们卖那么贵的车给我们，却从来不研究我们中国人的体形。

外国企业和中国企业家面对中国本土市场创新不足，不是这些企业家不聪明，是因为中国没有消费者愿意为他的创新买单。因为中国的消费者相信四个字"物美价廉"，能够很便宜地买到全世界最好的商品。因为没有人能为你的基础研发买单，所以企业家根本不会投钱在基础研发上，会把所有的精力放在两个地方上，第一降低成本，第二扩大规模。这是中国企业家的毛病吗？不是，全球企业家都是这样。美国建国以后，干的第一件事是抄袭英国人，全面抄袭英国人。到1894年的时候，美国成为第一制造业大国，还在抄袭英国，英国人很愤怒，愤怒到什么地步呢？只要在美国纺织工厂工作的工程师，申请到英国来旅行的话，拒签。申请加入英国国籍，绝对不可以，为什么？你就是来当间谍的。美国人什么时候开始研究美国本土的企业，要摆脱对英国的抄袭呢？20世纪20年代是美国中产阶级崛起的年代，美国变成一个车轮上的国家，美国人开始愿意为美国精神、为美国文化、为美国价值观、为美国审美买单。后来就出现了一大批现象级产品，如牛仔裤、可口可乐、好莱坞、迪士尼、麦当劳、星巴克等，出现一批具有美国文化标志的品牌。我们现在说日本是工匠精神，但日本在1940—1970 年，主要抄袭美国，当年日本制造是廉价品的代名词。日本开始关心要为本国消费者服务是 20 世纪 70 年代。今天的中国出现了 20 世纪20 年代的美国，20 世纪 70 年代的日本的情况，就是现在拥有 1.5 亿的中产消费人群。

六、中国大公司的未来五年

中国大公司未来五年是这四个特点：

中国大公司的未来五年

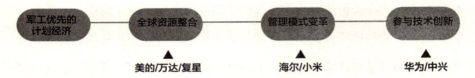

第一，失去成长对标。2015 年我曾去海尔、美的、苏宁调研，企业家老板都跟我讲一句话，到 2016 年以后，对中国大公司来讲，竞争时代已经结束，所有大公司已经失去对标，失去对标是一个挑战，也是基于挑战是什么。

第二，全球资源整合。有没有一种全世界没有的管理模式，有没有创新一种全世界没有的商品模式，有没有可能？我对未来 5~10 年内一定会出现中国式的管理思想，非常有信心。商业模式有了，接下来就是服务行业、文化产业、制造业里面，会出现一批成为标杆性的公司，美的也好，海尔也好，开始到全球去买制造业、买院线、买保险公司，中国公司未来的全球化特征会越来越明显。到今年为止，中国在世界 500 强的公司是 216 个。我们算了一下，大概 2017 年，最晚 2018 年，中国在世界 500 强的数量会超过美国，成为最多的国家。

第三，管理开始模式变革。我去海尔调研了 3 次，虽然还是那个园区，但今天的海尔，整个组织结构变了。张瑞敏说，科层管理已经结束，原来从总裁到下面有 12 级，管理层 4 级，下面员工 8 级，转型后的海尔组织结构只分 3 级。管理彻底扁平化，管理扁平化以后形成的特点是什么？特点是公司会出现无数的突击队，未来公司不再是金字塔，都是突击队模式，一个个的突击队去尝试新的行业，去创造经典爆品，未来的企业应该是突击队模型＋经典爆品这样的模型。大规模的集团作战面对不确定性的市场创新，它的组织能力已经瓦解。在这个创新意义上，大规模的组织已经丧失了，首先组织结构上要分化，未来的组织创新非常重要。

第四，我们将参与全球的技术创新。今年 5 月刚刚公布了 2015 年全世界申请专利最多的企业，第一名是华为，第二名高通，第三名中兴，华为已经连续两年居于榜首。2015 年华为申请专利 3898 多项，这些企业值得大家尊重和学习。中国的中小企业也一样，正积极地参与全球的技术创新。未来 5 年中国大型企业数量还会增加，但是，它的成长方式将跟过去完全不一样，不再在成本、规模等优势上，而是在创新、整合、管理模式变革，以及技术创新方面。

七、未来 5 年的两大革命性驱动力

在这个变化过程中，有两个革命性驱动力，对所有的企业都是最关键的。

（一）互联网革命：信息工具 + 大数据 + 云计算

在信息领域，互联网革命现在带来什么？所有的制造业，如果你认为"互联网 +"是我原来做电商的，通过苏宁、国美来卖，现在组建两个团队，把电商拖到天猫、淘宝、京东去卖，给部下设 KPI，今年网上的销售额为 15%，明年到 30%，后年到 50%。错。互联网变革一定不是产业效果，营销要的是结果。首先是观念，领导人的老化是观念与能力的老化；然后是工具，你需要会用互联网的信息工具，大数据、云计算，重新再造企业的基因，最终变革出现三个东西。

第一，重新定义渠道：从金字塔到去渠道化

如果你利用大数据的话，会出现什么结果呢？车间的商品和消费者之间，最多只有一道。所有的经销商可以解构，真正极致的模型是车间和消费者之间没有任何的渠道，这一天一定会到来。我们在中国寻找这样的企业，最终是工厂生产出来直接到达消费者，中间没有任何的渠道商，我和消费者之间所有的信息都是互动的。例如消费者买了我的鲜花，买完以后，我就知道你有多少能力购买鲜花，你是一个月还是两个月买一次鲜花；消费者购买大米，大数据会告诉我，你们家有几口人，一个月吃多少斤米，什么时候需要再买米；消费者买一张床，大数据可以告诉我，最近好像买新房子了。大数据会对你的消费产生传感。到今天为止，中国大多数互联网

革命走到最后一道，最终革命是所有的渠道都会不见，所有渠道都消失的话，能力掌握将掌握在制造业手上，制造业的利润会成倍增加，如果所有的中介全部去除，库存成本、渠道成本消失，拿 20% 来做电商都可以，这是重新定义渠道。

第二，重新定义技术创新：技术平台开放与积木式创新

我今年去了北京的一家公司参加一次大会。这家公司的老板最近带一个团队做一个平台，预期把全中国所有的工业设计师汇集一个平台上，对于所有需要工业设计的制造企业来说，要设计一个马桶盖的形象，或一个电饭煲的形象，都可以放到这个平台上。未来的竞争，将彻底平台化，企业的能力会被重新定义，特别是零配件这些制造企业。当能力被平台化以后，会出现一件事情，这是现在中国科技界正在热议的话题：结构式创新。就如每一个孩子拼装出来的乐高玩具都是不一样的，他们可以拼出全世界独一无二的乐高玩具。也就是说，做任何产品的时候，可以通过结构式创新对技术创业的部分，在互联网里面要重新定义。

第三，重新定义消费者：购买者、参与者和投资者三位一体

企业生产产品，然后通过广告、渠道卖给消费者，对于消费者来说，产品好的话会持续消费，产生再次购买。科特勒的消费理论和营销理论，在今天大部分已经被结构化了，未来真正的消费者将三位一体。第一，消费者是产品的购买者；第二，是你产品的参与生产者，现在通过互联网完全可以实现，消费者参与定制、设计；第三，消费者是产品的投资者，因为今天的任何一种商品，都有可能被证券化。未来的消费者将不是科特勒意义上的单向 B2C，而是消费者掌握了主权，掌握了产品购买、设计的主权，

甚至掌握了产品投资的主权，现在是消费者全时代的到来，这是互联网带来的结果。

（二）硬件革命：第四次工业革命

互联网第二个革命是什么呢？是硬件革命。运用互联网工具的同时，要了解柔性生产线、机器人、传感器、认知技术、VR 技术、新材料、新能源这些东西。我们在工业 4.0 看的是什么？就是这些东西，这些东西将成为我们的标配，我们所有的产品线将要得到全面的改造，如果没有柔性生产线的话，关于产品与消费者关系的改造将是一个概念。如果没有机器人的话，定制化生产，劳动效率的提高，也无法实现。如果没有传感器、芯片和微处理器，就无法挖掘数据，所谓的大数据也只能是一个概念。

我为什么认为很多企业会被淘汰掉呢？德国有一批非常厉害的隐形冠军，"隐形冠军"这个词是德国的学者赫尔曼·西蒙提出来的。什么是隐形冠军，它有三个特点：一是它必须拥有其产品市场份额的第一或第二的位置，二是销售额一年 1 至 2 亿美元左右，第三，它不为人所知。这个概念到今天，第一和第三条没有变，第二条可能变了，当年是 2 亿美元，现在是 3 亿~5 亿美元。德国这样的企业将近有 3000 家。我们做了一个调研，认为未来 5 年内，将近 3000 家隐形冠军中的 40% 会消失。德国人也跟我们讲，德国最好的 3000 家企业，未来 5 年内 40% 会消失。是硬件革命把这些隐形冠军的制造优势瓦解了，基础路径不是原来的，是对制造流程的理解，不再是先前的变革。原来形成的生产能力，所形成的模具、机床，不太需要了。

八、第三次消费升级的特征

消费升级有五个特点：

第一，圈层化：社群＝连接＋价值观＋内容

中国出现 1.5 亿的中产阶级消费人群，他们和大部分的市场在圈层。例如斯沃琪、欧米茄、浪琴、雷达、宝珀、天梭、美度、汉米尔顿等这些品牌出自同一家企业——斯沃琪集团，这里面最便宜的手表是 1000 元人民币，最贵的是 100 万人民币，它们属于不同的消费者圈层。一个企业为什么有那么多的品牌？因为消费者是被圈层的，不同的消费者有不同的需求。一对刚刚结婚的小夫妻，他们对手表和一张床垫的诉求与中产阶级者是不同的。为什么会出现这样的品牌集群战略？这是因为所有的商品都会在圈层中存在，在这个意义上，我认为中国没有大众品牌、大众导向和大众消费，所有消费都是小众的。为什么前面会说企业会需要一个精准的突击队模型，在这个意义上，未来无论大型企业还是小型企业，一个经典的模式是蜂窝式组织，一个蜂窝掉下，另外的蜂窝会长出来。企业的蜂窝需要明确三个关键点，专业能力、突击队和资本。

第二，性能比：物美价廉时代的结束

中产阶级消费者最大的特点是什么呢？他们愿意为好的服务、好的性能和技术买单。中国的消费者是慢慢培养起来的，我们都住过小区，我们当年到一个小区里面的时候，会交一个"非城勿扰费"，8 毛钱。现在物管费交 15 元，我都不会有犹豫，你要告诉我收 15 元的物管费的原因。未来这个小区好不好，住得舒不舒服，除了硬件以外，软件非常重要。现在我们愿意为这个软件买单，这个软件就是服务。

第三，人格体：从网红经济到直播爆发

今年最热的两个词，网红和直播。有个女孩叫张大奕，外号叫"大姨妈"，去年在新浪微博卖服装卖了3个亿，现在中国、美国、日本都流行这样的模型。为什么要买这条裙子呢？不是因为消费者要穿裙子，而是因为消费者喜欢。中产阶级消费在未来，"喜欢"和"审美"这件事情将超过必需。审美的背后是价值观，是人格，每一个品牌背后都有一个人格体。

第四，定制化：红领模式到必要模式

红领是中国最早做定制化工厂的，整个生产线柔性化，中国未来这样的生产车间，柔性化的生产车间，基本上所有的领域都会出现。到了必要的时候，当它帮你定制了，这家企业跟消费之间，中间一道渠道都没有。定制是去渠道的根本化。定制将对我们的企业产生重大的利好，这个商品的定价将跟成本没有关系。

第五，直销型：名创优品模式

名创优品，老板是一个"70后"的企业家，他是过去两年最大胆的人，他告诉我怎样在沿海地区整合最好的制造能力，怎样在北京、上海、深圳选择最好的黄金地段，把这些商品放到里面去，怎么样让商品在七天时间里面产生反应，消费者认可的产品可以马上运过来，不好的产品马上撤掉。名创优品这两年多发展非常快，它属于直销模型。

九、黄金五年的五个新能力

我们现在面临的所有困难，是我们过往能力丧失的困难，我们面向未来，存在着巨大的不确定性，但是我们已经形成了新的战略起点，已经有一些公司在我们前面探索出了新的商业模式，未来不是"黄脸婆"的五年，不是让我们沮丧的五年，而是一个黄金五年，是因为我们现在已经拥有革命的前提，趋势、工具、消费者都已形成。未来的黄金五年，一定不是每一个人都皆大欢喜的五年，制造业企业想要成为五年后的幸存者，必须要形成这样的能力：

在生产上，我们要形成生产线的柔性能力；在研发上，要实现单点突破的爆品能力；在营销上，我们要学会运用大数据的能力；在价格上，摆脱成本定价模式；最后是将企业证券化的资本能力。

在汉诺威有一次做分享，其中讲到这一段的时候，有一个学员问：我们是制造业，资本进来的时候，企业会不会变质？如果上市的话，会不会被业绩绑架？我认为这个问题不存在，企业必须要让自己尽快证券化。一个企业获得利润的能力来自于两个部分：第一部分来自于产业部分，卖了多少冰箱、空调、服装、机械等；另外一个能力来自资本化的能力，通过卖这些东西形成一个产业预期，怎么样把这个产业预期通过证券化，通过市盈率变成资本能力，通过资本能力变成产业化扩大的驱动力。如果没有这个过程的话，企业只是在做概念，我们叫题材。如果中国制造业企业在资本市场是一个题材的操作者，你是可耻的。但如果你能把证券的能力变成你制造业的驱动能力，你的市盈率将是 20 倍，甚至是 100 倍，这些能力变成你的驱动力的话，你将是中国制造的推动者和先进者。我们一定不能把屁股留给资本，我们要去拥抱资本。今天的中国，让自己的企业证券化的渠道已经非常广泛。在过去的 3 年里面，中国所有的产业变化最大的不是互联网行业，而是中国的金融行业。我们的资本运作能力是中国制造业的两个翅膀。

我认为中国 36 年来制造业从成本优势、规模优势、制度优势，到今天变成三个新的优势，我总结为一个公式：新中国制造 = 互联网工具 + 新工匠精神 + 积木式创新。

第一，互联网工具。互联网是一次基因再造，改造我们所有跟消费者的关系，改造我们的生产线，改造我们几乎所有的能力。

第二，新工匠精神。如果你只具有互联网的能力，只用互联网改造的企业的话，其实只是完成了改造的一段。对于制造业来讲，制造一双皮鞋，消费者购买的原因不是因为企业营销做得好。用德鲁克讲一句话就是，商业的本质是你做一双皮鞋卖给那个消费者，这个消费者穿这个鞋子在脚上很舒服。制造业的本质是工匠。今天我们重新回到产品本身，而且产品本身跟互联网没有根本的矛盾。

第三，我们要改变我们的创新能力，要学会积木式创新，要开放我们的创新平台，要成为全球产业变革中的一部分。

尼采是我最喜欢的一位哲学家，他讲过一句话，他说"上帝死了"，他讲"上帝死了"以后，这个世界原有的结构体系、哲学体系，瞬间瓦解。当上帝死了以后，世界重新产生，一切坚硬的都将烟消云散，我们过往所有的成绩，过往所有的优势都将烟消云散。那些即将消灭我们的东西，在未来将让我们变得更加强大。

一千个人心里就有一千个工业 4.0

曾玉波：智能制造产业联盟秘书长

全球工业人的心中，有这样一条铁律：如果工业和技术领域出现什么新趋势，最早可以见到的地方一定是汉诺威。今年 4 月 23 日到 5 月 1 日，吴老师带队探寻汉诺威，揭秘工业 4.0。

到底什么是工业 4.0？吴晓波和我带着 150 位企业家到德国汉诺威寻找答案，可是不但没找到答案，反而发现：一千个人心里就有一千个工业 4.0。

工业 4.0 有标准的定义吗？我说没有。就像"互联网思维"一样，我们说得清楚"互联网"，却总也说不清楚到底什么是"互联网思维"。

在德国汉诺威偌大的展厅里，到处悬挂着 Industry 4.0，有人展出的是机器人，有人展的是软件，有人展的是系统，甚至有人展出的是齿轮。微软的展台上摆着的是一台 RR（Rolls-Royce，劳斯莱斯）的飞机发动机，

IBM 的展台上摆着一台 CLAAS（德国克拉斯农机公司）的拖拉机，Intel（英特尔公司）的展台上摆着一台机器人。

如果一家软件公司把一台发动机搬到汉诺威来，是为了让抽象的东西变得更加具象，那么原来做具象产品的公司想把自己扮演得抽象一点还真得花点心思。比如 ABB 集团，一直以来做的是电机、马达、控制器这些具象硬件，这次就用彩灯做了"一朵云"，告诉大家：我做的这些玩意儿还连着云端呢，你看我还连着服务、连着人呢，我不是纯硬件，我也能做软件的。

"SCHAEFFLER"（舍弗勒集团）原先是做轴承的。在展览上，他们摆了一台机器，用绿色灯管做信号线，外面醒目地显示"4.0"，再在顶上安个云端，努力地告诉世人，做轴承的也能 4.0。

我跟这家德国公司展台上的日本雇员用英语聊了起来，她告诉我 DMG（做数控机床的德玛吉）用了他们的带振动传感器的轴承，数据采集到云端上，于是 SCHAEFFLER 知道了世界各地的 DMG 的机器轴承的使用状况，提醒他们早点买 SCHAEFFLER 的备件。

德国 SEW 集团展了一条我比较熟悉的生产线。

以前的观念中，一说起制造就说"流水线"，但这个工作台怎么自己会跑？怎么装了机器人的工作台子也会自己动？几个台子可以瞬间重新组合？旁边还窜出一台小车，啪啪啪闪着光，自己就找到地方了，关键地上还没有贴磁条，是自主导航的。原来，这个世界上的流水线可以不是流水线的。

看累了的话，想要歇一会儿，好多地方都可以玩下 VR。奥巴马还在展会上戴着眼镜拍照呢，看段风景吧，或者玩个游戏。结果我发现，VR里也是机器，到处都是机器，躲进虚拟世界里，你看到的还是机器。我忽然觉得开发一个美女教大家用机器的应用应该会火，理工机器男都懂的。

整个博览会，一直有人说"看不懂啊看不懂"。是啊，好几家研究机构听到工业 4.0 的"工业"两个字就立即把它交给了"机械装备研究组"。一开始，人们谈论的"工业 4.0"都是机器人和自动化，现在都知道，这些显然只是 3.0 阶段的。

读到这儿，你还没有发现这个世界软件和机器在融合吗？你没有发现机器人、马达、控制器在和互联网、云端融合吗？你还没有发现一个企业从市场到研发再到制造在被数字化融合吗？你还没有发现产品、工具、知识在被数字"双胞胎"融合到了一起吗？你还没有发现 SCHAEFFLER 和 DMG 两家公司都被融到一起去了吗？你还没有发现不再区分产线还是物流，而它们又和软件系统融合了吗？

还有，人也被融合进去了。有了这些融合我们可以摆脱物理的束缚，我们的思维可以从 XYZ 三维变到 4 维甚至 5 维，我们可以从具象到抽象再到具象来回切换。

于是，再怎么来做产品创新、服务创新和商业模式的创新都应该好好琢磨。

也许有人会说，我不喜欢那些，我想做个工匠。可是，难道只有手里拿着刻刀的人才可以叫作"工匠"吗？如果他手里拿着的是物联网、大数据、数字化的工具、数字化的知识、超级灵活超高精度的机器，他就不是工匠了？

工业 4.0 就是这样，一千个人心里就有一千个工业 4.0。

中国制造业呼唤三大核心精神

陈润：财经作家

　　中国制造业的变局在过去一年变得扑朔迷离。一方面，"中国制造2025"、"互联网＋"、大数据、智能制造、工业机器人、供给侧改革、3D 打印等话题振奋人心。另一方面，工厂倒闭、生态污染、过度消耗资源、人力成本上升等危机令人忧心。面对机遇和挑战并存的局面，"转型升级"的呼声从上到下，此起彼伏，可作为企业管理者，面对眼花缭乱的迷局和似是而非的论调，我们该相信什么？怀疑什么？坚守什么？抛弃什么？一言以蔽之，今日中国制造业应该从商业文明中汲取怎样的精神力量？

　　毫无疑问，中国已进入新的商业时代，所有制造企业都必须接受新的商业文明。其中，有三大核心精神需要相信、坚守并发扬——契约精神、互联网精神、工匠精神。

契约精神是中国企业家的必修课

全球商业史的起源，可以追溯到几百万年前原始人互相交换物品，但商业活动大规模产生要等到公司诞生之后，其中契约精神至关重要。早在公元前 3000 年，美索不达米亚人就开始遵循商业约定，苏美尔人在幼发拉底河和底格里斯河交易过程中建立起契约精神，连野蛮的亚述人都遵从合约。腓尼基人和雅典人带着这类商业机制漂洋过海，推动地中海沿岸商人信守契约。

在商品交易过程中，各种契约关系自然形成，因为交易成功的前提是彼此遵守契约达成共识，这正是西方契约精神的源头。契约精神是商业文明的产物，也是现代企业制度的基石。而不断发展的商业文明又反过来促进契约精神成为主流文化。比如西方社会的婚姻、买卖、工作等都被视作平等交易，每个人都遵守契约精神，将权责利划分明确，直到协议解除为止。

当然，契约精神需要有法律保障，不断完善的法律体系为公正、平等、自由的契约精神保驾护航。英国著名法律史学家梅因曾说过："迄今为止，所有社会进步的运动，是一个'从身份到契约'的运动。"包括中国传统文化在内的亚洲文明恰好缺乏契约精神，中国新商业文明更呼唤契约精神。

中国与契约精神最接近的文化是诚信，但两者之间不能画等号。联想创始人柳传志年轻时候喜欢读《水浒传》，他回忆说："现在看《水浒传》里宣扬的很多思想我是不赞成的，但是有一条我赞成，就是一诺千金。"中国人自古就有"一诺千金"、"君子一言，驷马难追"、"重然诺，轻生死"、"仁义礼智信"的道德观念。在商业领域，晋商、徽商、浙商等商帮都以诚信为本，商人们以血缘和地缘为纽带，以共同的商业规则和人生信条为基础，彼此信任，信守承诺。但是，这种信任关系非常脆弱，是农耕文明而非商业文明的产物，而且没有法律保障，一旦离开熟悉的圈子、地域、行业就很难继续信任别人，与契约精神相距甚远。

然而，仅靠法律仍然不能确保企业遵守契约，即便赫赫有名的企业家也会违背契约精神。2011 年 6 月，马云将支付宝转移到自己控制的私人企业名下，财新传媒总编辑胡舒立公开写文章批评他违背契约原则。2014 年 11 月，宋卫平反悔绿城卖给融创的交易，任志强对此评论："契约社会中的交易，要用商业的办法解决。卖出去的可以买回来，这才是本事……"2015 年 11 月，广州恒大在亚冠联赛再次夺冠，许家印却将比赛服胸前广告"东风日产启辰 T70"换成自己的"恒大人寿"，一年前他曾以同样的方式换成"恒大冰泉"、"恒大粮油"，有钱任性却视契约为儿戏。从 2015 年年底至今，扑朔迷离的"万宝大战"愈演愈烈，各方力量粉墨登场，情怀与规则、资本与管理团队的较量引发公众讨论，无论谁胜谁败，契约精神成为三方共同的商业文明命题。

家喻户晓的商界大佬尚且如此，中国企业家群体对于契约精神的缺失可见一斑。虽然中国企业家西装革履，崇尚西方管理制度和理念，国际化征程快马加鞭，可不管是马云、宋卫平还是许家印、王石，仍然未脱离草莽习气和枭雄本色。中国新商业文明能否成为全球主流的商业文明，关键在于契约精神是否成为人人倡导的主流文化。

德国社会学家马克斯·韦伯说过："当追求财富与道德自律同步发展时，才能达到现代企业家的最高境界。"中国制造业要提升公信力，改善商业环境与风气，达到现代企业家的最高境界，契约精神是亟待补习的必修课。

互联网精神：尊重市场，回归人性

手机已经成为长在人类身体上的新器官，互联网思维正在渗透我们的大脑。不管你是否愿意接受，这些事实都在影响我们的生活，并且改变世界。进入互联网时代，互联网精神是每个人都无法置身局外的话题。

"互联网精神"并不是新鲜词汇，近几年专家、学者的解读多如牛毛，但莫衷一是，倒是中国互联网大佬的观点更具有说服力：马云强调互联网精神的四大要素是"开放、分享、透明、责任"；雷军认为互联网精神"最核心的有三条"——极致、用户口碑、快；马化腾则预言"未来互联网精神将改变每一个行业"，并提醒"传统企业一定要具备互联网思维"。

不过，说文解字的方式应该更简洁精准。"互联网"三个字拆开来，"互"是用户、企业、社会公众的充分互动，"联"是人、产品、事物的有机联接，而"网"为市场、科技、平台组成网络体。"互动、联接、网络"是互联网的三大特征，而互联网思维就是要改善人与人、人与信息、人与物、物与物之间关系的规律和方式。

其中，"互动"是互联网时代企业和用户之间关系改善的关键。今天的用户更注重情感需求，用户、企业、社会公众充分互动的本质是人与人充分互动，进而产生信任、产生情感倾向、产生熟人思维、产生感性价值。"有机联接"是从本质上解决企业产品发展方向、市场饱和与组织管理问题，把企业打造成一个有机体，使企业不再像一台按部就班的机器，而是可以适应并改变环境，还能不断自我完善的智慧型生物。"网络体"的本质是突破和跨界，企业在发展中要充满想象力，突破原有的市场界限、科技局限和平台边界，跨界到新领域。

根据"互联网"三个字的定义，我们可以将"互联网精神"总结为八个字：尊重市场，回归人性。

企业的生死存亡、兴衰成败很大程度上都是由市场竞争所决定。尊重市场规律、把握市场趋势的企业会进步，反之就会被淘汰。未来所有的商业运作都将围绕人来进行，以人为本，返璞归真，肯定人在价值链体系中起到的根本性、决定性作用，针对人性做出改变，企业才会更有竞争力。

弱肉强食，适者生存是市场的基本规律。企业尊重市场有三重境界：第一种是具有预见性和快速应变的能力，反应敏捷，行动迅速，抢在变化之前变化，这种境界的企业会站在风口上，能快速成为行业巨头，比如 IT 时代的微软、移动互联时代的苹果；第二种是以积极心态去改变自己，适应变化，以跟随者的身份积极改变，学习进步，从而占有一定市场份额，比如移动互联时代的三星和小米；第三种是以抗拒、漠视态度应对变化，这类企业会在市场趋势下逐渐被淘汰，比如诺基亚、摩托罗拉。

回归人性的重点在于对消费者需求的把握。计划经济时代，产品生产的主动权在厂商手中，厂商生产什么消费者只能买什么。互联网时代，买方市场逐渐形成，而且信息更加透明，"一切皆媒体"，"人人都是自媒体"，每个人都是一个传播口碑的意见平台。正因如此，许多互联网企业通过"粉丝经济"实现口碑营销，不断实现超预期。归根结底还是以用户为中心，回归人性。

只有尊重市场，回归人性，我们才能实现人与人、人与信息、人与物、物与物之间的关系改善，让马云、雷军、马化腾等企业家的愿景、理想成为现实。

工匠精神永不磨灭

作为中国当前饱受争议最大的企业家代表者，雷军被大家诟病的关键原因在于缺乏工匠精神，格力董事长董明珠直接炮轰雷军把小米做成功全靠"忽悠"，无法长久。可是，雷军其实将具有 300 多年历史的同仁堂视为榜样，他经常在公开场合称道同仁堂古训——"炮制虽繁必不敢省人工，品味虽贵必不敢减物力"，强调"真材实料"和"诚信"。以此推论，小米之道正是工匠精神。

但这并不意味着董明珠杞人忧天。中国商业发展到今天，浮华喧嚣的环境依然未变，夸大宣传、以次充好司空见惯。尽管产品经理的概念已深入人心，但希望走捷径的模仿者多，埋头创新的专注者少。电商、团购、互联网金融、众筹、O2O……每次互联网新潮流兴起，追赶者蜂拥而至、趋之若鹜，经过营销炒作、免费体验、红包补贴等方式轮番轰炸后，最终一地鸡毛，收获短期利益，却远离商业本质——为用户提供有价值的产品或服务。

可是，在工业发达的德国，却很少出现类似小米这样的现象级互联网公司，但他们抛出"工业 4.0"概念之后，依然在全球掀起新一轮科技革命的热潮。德国继续引领变革潮流的优势在于强大的工业体系和制造实力，内在基因则是工匠精神——工匠对每件产品都精雕细琢、精益求精，追求完美和极致，努力把品质从99%提高到99.99%，利虽微仍不惜工料。他们穷尽一生潜修技艺，视技术为艺术，既尊重客观规律又敢于创新，拥抱变革，在擅长的领域成为专业精神的代表。即便粉丝经济、互联网思维等新话题席卷，他们依然提倡埋头苦干、专注踏实的工匠精神，这才是互联网时代最珍贵的品质。

制造业本来应该最"讲究"，但现实却是最"将就"。更令人担忧的是，不只是制造业，整个国家的商业生态已进入"互害模式"：农民种菜喷农药，自己不吃卖给别人；开发商建房质量不好，自己不住卖给别人；商家生产产品以次充好，自己不用卖给别人。每个人都忽视质量，凡事差不多就行，以为占便宜，其实每个人都将成为受害者，在缺乏工匠精神的生态链条中无人可以逃脱。

曾几何时，"德国制造"就像如今的"中国制造"一样，是廉价、劣质、低附加值的代名词，但博大精深的手工业文化使德国企业尊重规律，精益求精，能以长远眼光专注于最初的经营目标，即便最艰难的关头仍不放弃。今天，作为德国高附加值制造的典范，奔驰、宝马、奥迪等德系车的价格都是同类产品的5到10倍，它们的品牌无疑是"工匠精神"的典型代表，他们严谨务实，对品质有着宗教崇拜般的信仰和追求，但又不会呆板、守旧，在面临困难时总能通过创新找到巧妙的突围方式。经过一个半世纪的追寻与奋进，这些顶级汽车品牌与所有德国企业一起，伴随"实业立国"的信念共同成长，书写出德国制造、德国品质、德国精神的荣耀与辉煌。

其实，早在战国时期中国人就将能工巧匠视作"济世圣人"。《考工记》记述："知者创物，巧者述之守之，世谓之工。百工之事，皆圣人之作也。"技艺精湛的鲁班、"游刃有余"的庖丁、"我亦无他，惟手熟尔"的卖油翁……这些人都是能工巧匠的典范，体现了工匠精神的魅力。

一个现实问题呼之欲出：新的商业时代，工匠精神究竟会过时，还是能体现更大价值？答案应该是后者。工匠精神其实包含创新精神、变革精神，与互联网时代倡导的价值主张空前一致——以满足用户需求为导向，更好地提升效率、扩大规模、降低成本，为用户提供超预期的产品与服务。

回归即出发，在传统文化中汲取商业文明的力量，我们将走得更远。

"中国制造"的困境与出路

陈润：财经作家

一、中国制造大而不强的尴尬

历经 30 多年高速发展，"中国制造"已成为全球最有影响力的标签，"世界工厂"的地位无可取代，"中国工人"在 2009 年被美国《时代》周刊称赞"坚毅的目光，照亮了人类的未来"。在工业化进程与全球化浪潮中，"中国制造"不仅成为中国 GDP 稳居全球第二位的支撑力量，也是推动世界经济发展的重要引擎。

数据比荣誉、光环更有说服力。来自工信部的统计资料表明，"2014 年，我国工业增加值达到 22.8 万亿元，占 GDP 的比重达到 35.85%。2013 年，我国制造业产出占世界比重达到 20.8%，连续 4 年保持世界第一大国地位。

在 500 余种主要工业产品中，我国有 220 多种产量位居世界第一。"早在 2010 年，中国制造业占全球的比重就达到 19.8%，跃居世界第一。"世界制造业第一大国"的地位毋庸置疑。

不过，还有另外一组数据揭示出"大而不强"的尴尬。机床占世界产量的 38%，但数控机床基本靠进口；大部分出口机械为贴牌产品，拥有自主品牌的还不到 20%。另外，90% 的工业机器人、80% 的集成电路芯片制造装备、70% 的汽车制造关键设备、40% 的大型石化装备等自动化成套控制系统及先进集约化农业装备全部依赖进口。从"世界制造业第一大国"到"世界制造业第一强国"，任重而道远。

20 世纪 90 年代初，宏碁电脑创始人施振荣提出"微笑曲线"理论：曲线左侧是全球性竞争，胜败关键在于技术、制造与规模；右侧是地区性竞争，胜败关键则是品牌、营销渠道与运筹能力；中间下凹处为附加值最低的"生产制造"环节。如果把视野放到全球产业链之中，就会发现"中国制造"处在"微笑曲线"的最低端，始终在全球产业链低附加值区域缓慢提升。

过去一年中，有些备受关注的话题和现象令"中国制造"蒙上阴影。2015 年，"去日本买只马桶盖"现象引发中日产品品质大讨论，事后发现原来一些产品产自中国杭州。其实，日本的电饭锅、空气清新剂、指甲剪、剃须刀等许多产品都是由中国厂家代工。实际上，这两年海淘热潮涌动，无论是电商平台网购还是游客出国血拼，背后都是中国制造与国际品牌的差距。

外资企业撤离，制造重心往印度、越南、缅甸等国家转移的趋势成为另一大隐忧。最近几年，每年至少有一波外资撤离的浪潮，其中不乏享誉全球的世界 500 强公司。虽然都头顶高新技术、著名品牌的光环，但无一例外，关厂、撤离的都是这些外资巨头的制造工厂。他们以高速度、低成本的方式抢占中国市场，甚至不惜以破坏生态环境、盘剥工人福利为代价，管理方式赤裸、原始、粗暴，以此获取高额利润和竞争优势。在过去相当长一段时期内，整个中国都鼓励这种游牧式、充满狼性的发展模式，但随着法治完善、转型升级和改革开放的深化，只采取方位移动而不是转型升级的企业无路可退，外企亦难逃此规律。

看起来四面楚歌。秋风萧瑟中，关于"中国制造"进入寒冬的说法大行其道。处在变革转型期的中国制造业，正面临怎样的困境与出路？

二、"中国制造"面临困境的原因

透过现象分析，"中国制造"面临困境主要有四大原因：

第一，生产成本不断提高。波士顿咨询在 2015 年发布的《全球制造业的经济大挪移》报告中指出："以出厂价为例，中国制造业的成本优势相较于美国，已低至不足 5%。"人力方面，农村可转移劳动力人口下降，全国 65 岁以上老年人口比重上升，廉价劳动力时代结束，人口红利逐渐消失。资源方面，工业用地供应量减少，底价攀升，土地成为制造业发展的重要约束因素；粗放增长方式被淘汰，环境污染、资源浪费处罚力度加大，生产成本随之上涨。

第二，国际品牌影响力不高。据国际公关机构爱德曼对于信任度的调查显示，中国企业在国内的信任度达到 79%，在发展中国家为 58%，在发达国家仅 19%。信任度折射的是企业的品牌影响力和综合实力，三组数据依次递减说明中国企业的竞争力随疆域扩展而逐渐减少，反映出中国品牌国际竞争力不强。走出国门的中国制造产品大部分还处在贴牌、代工阶段，品牌之路依然漫长。

第三，同质化严重，中低端产能过剩。中国制造长期面临的困境是高精尖产品稀缺，中低端产品产能过剩，许多技术设备落后、创新能力不足、工艺水平低下的作坊式工厂靠低价在市场夹缝中艰难求存，利润越来越薄，不惜以次充好苦苦支撑。在淘汰落后产能、调整产业结构的时代大潮中，这些企业会死掉一大批。

第四，全球竞争格局更加激烈。发达国家"再工业化"浪潮引发制造业回流到欧美发达市场，重新占领新一轮工业革命的战略制高点；而生产成本更低的发展中国家以争夺"世界工厂"地位的决心迅速追赶，在全球资源、技术创新和市场扩张的竞争中更加艰难。前后夹击的形势让中国制造面临双重压力。

三、中国制造业的出路

客观来说，这四大原因导致"中国制造"面临的困境并非无底深渊，更似敲响警钟，未雨绸缪，在危机中寻找机会和出路。

对症下药，从原因找答案，中国制造业可以做调整和改善，比如控制成本、提升效率；往"微笑曲线"两端延伸，提高附加值；重构商业模式，树立品牌意识；利用互联网，整合全球资源。从根本上来说，改变"中国制造"关键在于四个字——转型升级。

当美国的"再工业化"、"制造业复兴"及德国的"工业4.0"、日本的"再兴战略"、法国的"新工业法国"等重振制造业的国家战略推出之后，中国亦出台"中国制造2025"制造强国战略。与此同时，第三次工业革命将推动人工智能、数字制造和工业机器人等技术成熟和成本下降，定制化、数字化、智能化、互联网化将成为制造主流。对于中国制造业而言，在生产方式由粗放式向集约式、由注重规模到注重效率、由劳动密集型向资本与技术密集型、由产量到质量转变的过程中，企业组织结构、销售渠道、生产要素等都将出现重大变化。

当然，转型升级不等于放弃制造业而一味发展高新科技，或者与服务业融合，从短期来看，不如专心提高质量标准，改良产品性能、外观，培养高素质的人才，深挖市场潜力，劳动生产率就会得到提升。同时值得警醒的是，产业升级并非仅专注制造，而是要以制造业为基础，加强制造业与服务业、第一产业的融合，包括与互联网、金融领域的结合，进一步优化产业结构，创新出更多商业模式和新兴产业。

以制造业为根基，通过互联网、大数据、云计算等服务的融合实现转型升级，提升"中国制造"的竞争力，这是中国制造业的未来方向。

| 品牌新事 |

中国制造企业国际化路线图

陈润：财经作家

在经济全球化与互联网化的趋势下，"世界是平的"浪潮高涨，中国崛起的声音此起彼伏，一大批中国制造企业在海外市场做得风生水起，国际化已是大势所趋。最近几年，风云激荡的并购大戏轮番上演，但并购不等于国际化，如何将本土企业文化、管理、营销等理念与对方融合，并构建新的增长极，这才是关键。

自从 2001 年加入 WTO 以来，中国企业的国际化征途走过 15 年风雨历程，已经跨越"摸着石头过河"的浅滩，进入更危险、复杂的深水区。风险、困难比以往更难以想象，前行者的沉浮经营都是财富。在国际化的漫长征途中，联想、海尔、华为、TCL、吉利等企业历经坎坷、蹉跎之后，终于在全球商业舞台上艰难站稳脚跟，这景象犹如八仙过海，每个人都试图蹚出一条适合本土企业走向全球市场的成功之路。

尽管发展模式千差万别，结果也大相径庭，但是探索过程中所付出的汗水甚至血水，都同样值得尊敬，这是后来者在国际化成长中最弥足珍贵的养分。

"蛇吞象"：激进派的"并购大业"

2004 年 12 月 8 日，经过长达 13 个月的艰难谈判之后，联想并购 IBMPC 业务的传闻终于尘埃落定：联想以 12.5 亿美元收购 IBM 的全球台式机业务和笔记本业务，其中 6.5 亿美元现金，另外 6 亿美元为联想股票作价，此外联想还将承担 5 亿美元的净负债。并购后，中方股东、联想控股将拥有联想集团 45% 左右的股份，IBM 将拥有 18.5% 左右的股份，联想集团由此成为年收入超过百亿美元的全球第三大 PC 厂商。

那一个星期，几乎所有的新闻媒体和 IT 从业者都在谈论这桩惊天并购案。作为后起之秀，联想 2003 财年销售额为 29.8 亿美元，而作为 PC 行业"开山鼻祖"IBM 同期销售额高达 890 亿美元，其中 PC 业务 280 亿美元，后者的 PC 销售额是联想所有业务的 9 倍多，用"蛇吞象"描述并不过分。对于这则消息，有人鼓掌叫好，也有人冷言相讥，担心联想的"蛇吞象"之举会消化不良，远在大洋彼岸的迈克尔·戴尔就属于后者，他一脸不屑地说："联想和 IBM 之间的交易可能逃不出业界其他许多合并案的命运。"言外之意，联想与 IBM 的结合最终将会以失败黯淡收场。

7 年之后，2011 年 9 月初，柳传志终于"很慎重地、认真地"宣布联想国际化成功。"在并购的时候，联想整个的营业额是 30 亿美元，现在是 216 亿美元，"他向媒体畅谈经验，"联想并购前特别想买三样东西，我认为全买到手了。"令柳传志眉开眼笑的三样宝贝，分别是 ThinkPad 这块牌子、IBM 的技术和研发团队、IBM 的国际化资源。

就在联想出手之前，TCL 也上演了一场惊心动魄的"蛇吞象"大戏。2004 年 1 月 29 日，法国总统府，李东生与汤姆逊 CEO 达哈利签署合作协议，共同出资 4.7 亿欧元成立 TCL — Thomson 电子有限公司（简称 TTE），重组双方的彩电和 DVD 业务，其中 TCL 出资 3.149 亿欧元，控股 67%，汤姆逊出资 1.551 亿欧元，占有剩余 33% 的股份，这是我国企业第一次兼并世界 500 强企业。并购之后，TCL 将成为全球最大的彩电供应商，重构主流产业世界版图的理想将成为现实。值得一提的是，在此之前的 2002 年 9 月，TCL 以 820 万欧元的价格收购德国施奈德，这被德国人称为"从未有过的事情"。在并购汤姆逊之后的 2004 年 4 月，TCL 又并购阿尔卡特移动电话有限公司，实际上，那时汤姆逊和阿尔卡特的年亏损合计高达 20 多亿元人民币，而当时 TCL 的净利润不过 4 亿多元。

这桩轰轰烈烈的并购完成之后，李东生将带领 TCL 步入为期不短却坎坷艰难的求存、救赎和自我证明之路。2005 年 TCL 通讯巨亏，2006 年 TCL 多媒体欧洲业务巨亏，虽然从 2007 年下半年整个集团实现扭亏，但处境依然严峻。直到 2009 年，TCL 营业收入 442.95 亿元，利润 4.70 亿元，扣除非经常性损益后的净利润为 2.13 亿元，同比增长 213.39%，亏损多年的 TCL 海外业务终于在 2009 年第三季度实现盈利，而海外业务已占到业务总量的 40%，经过多年的低迷，TCL 才逐步整体性走出因海外并购失利而无法自拔的泥沼。

　　这边李东生凤凰涅槃，那边李书福又踏上征途。2010 年 3 月 28 日，吉利宣布以 18 亿美元成功收购沃尔沃汽车 100% 的股权及相关资产，这是中国本土汽车企业的最大海外收购。"你为什么要买我们？今后你打算做什么？你能给我们带来什么？"面对瑞典人连发三问，李书福只好满脸羞涩地以一句"I love you"统一作答，并获得全场掌声。其实，这三个问题对于中国企业而言都很难回答，国际化门槛也绝非三个充满爱的单词就能跨越。

　　李书福后来得意地评价："就像一个农村青年爱上了大电影明星。"前者是只有短短 13 年造车史的草根新星，后者是全球名列第 3、安全技术世界排名第 1、有着 80 多年历史的豪华车品牌。1999 年福特将其并购时，为此付出 64.5 亿美元，如今李书福的收购价只有当时的 1/3 左右，即便如此，双方地位依然悬殊，小个头的"中国青年"能否与大块头的"北欧公主"幸福走下去，外界并不看好。

　　2011 年 10 月中旬，李书福入主沃尔沃刚满一个年头，沃尔沃的盈利和业绩持续增长，员工满意度达到近 10 年来最高，《瑞典日报》甚至用"瑞典虎"的标题来赞誉李书福和新沃尔沃。尽管目前断言并购成功还为时尚早，但至少没有出现外界担心的融合破裂、内忧外患的景象，这一切得益于李书福"吉利与沃尔沃是兄弟关系，不是父子关系"的指导思想，他说："吉利是吉利，沃尔沃是沃尔沃。吉利不生产沃尔沃，沃尔沃不生产吉利。"外籍高管对此极为赞赏，将其比喻为："刀叉和筷子可以奇妙地融合。"

并购是快速简单的有效捷径，但无法完全复制，这与企业自身实力、企业文化、管理能力等密切相关。正因如此，海尔、华为等企业选择了另一条国际化道路。

"狼图腾"：自生派的"野蛮生长"

万通董事长冯仑对"野蛮生长"一词的解释是：它并不是一种消极的生长，也不是不讲理的生长，而是内心的一股劲头，是内心的挣扎和抗争，是一种向上的力量。张瑞敏、任正非等人在国际化进程中的处境和感受，与冯仑的描述应该一字不差。

海尔的国际化路径相对温和，以自有品牌直接杀入欧美等发达国家，但是以自建为主。张瑞敏为此提出"走出去，走进去，走上去"的战略。"走出去"是说进入国外的主流国家、主流市场；对于"走进去"，是指当地设计、当地制造、当地营销的"三位一体"模式，走进国外的主流渠道，销售主流产品；而"走上去"是指"当地融资、当地融智、当地融文化"的"三融一创"思路，从而进入主流社会，真正成为当地主流品牌。另外，海尔还提出"三个走出去"的国际战略，分别是产品走出去、品牌走出去、人才走出去，按照海尔"国内生产国内销售1/3，国内生产海外销售1/3，海外生产海外销售1/3"的"三个三分之一"标准，海尔在2000年年底已基本实现这个目标，时至今日，国际气息浓郁的Haier商标俨然世界各国的"本土品牌"。

众所周知，任正非是有名的"学毛标兵"，他深谙"农村包围城市"

的精妙，这一点在华为国际化征程中也发挥得淋漓尽致。1995 年国内通信市场竞争格局剧变，竞争异常激烈，"为了活下去"，任正非于 1996 年做出国际化部署，首先瞄准与深圳比邻的香港，然后是拓展非洲、中东、亚太、独联体以及拉美等第三世界国家，而尽量减少在欧美与强敌直面交锋。直至 10 年之后，华为在团队、技术、服务等方面有一定实力，才先后进攻欧洲、日本、美国市场。

"狼性文化"是华为早年的发家之宝，曾一度被企业家奉为圭臬，我们在华为的国际化征程中也不难看出这一特点。早年间华为在国际上既没有品牌，也没有渠道，但任正非定下一条死命令：只要是国际通讯大展，华为一个不落都要参加。从 1996 年到 2000 年，华为几乎每年都要参加 20 多场大型国际顶级展览会，每年为此投入上亿元，让国外的电信运营商了解并认同华为。为了在困境中生存下来，任正非说："活下来是我们真正的出路，国际上的市场竞争法则是优胜劣汰，难做的时候，你多做一个合同，别人就少一个。"另外，华为虽然少有并购，却不断与跨国公司合作，借船出海，避免失败的风险，也少走弯路。

中兴与华为总部都在深圳，既是同城兄弟，也是电信设备同行，更是以稳健、谨慎的渐进式、自生派的步伐行进在国际化征程中的同路者，与海尔直接在美国自主发展相比，他们则更为保守。国际化初期，这两家企业在国外电信巨头瞧不上眼的印度、刚果、埃塞俄比亚等东亚、北非等发展中国家和地区悄然播种，野蛮生长。外国媒体评价说："中兴和华为更懂得怎样在农村和贫困地区提供服务，关键是它们的产品质量已经能够和老牌公司竞争了。这能说明为什么有更多南美洲公司的员工学习用中文说'你好'了。"后来他们陆续在东欧、俄罗斯等比较发达的国家和地区小试牛刀，稳中求进，立足之后，才大张旗鼓地往欧美发达国家迈进，敢于亮剑，正面竞争。这样做既避免企业在国际化管理和运营经验的不足而带来的损失，又真正接触当地市场和消费者，为以后深耕市场、开疆辟土打下基础。

随着行业技术的巨变以及中国两家电信"入侵者"的日渐强大，北电等国际通信巨头前赴后继地倒下，由盛而衰，华为和中兴在全球电信行业的地位也不断提升，未来是否有大型并购一飞冲天，还是继续稳健爬坡，现在还是未知数。

与"蛇吞象"的豪气、胆识并购相比，自生派显得谨慎、稳重得多，这既关乎机遇和运气，也与企业的规模、实力、目标、文化及所在行业不可分割，就国际化征程中即将经历的艰辛、风险和磨炼而言，两种路径选择并无分别。我们可以预见，经过在海外市场多年的磨砺和企业实力增强，"自生派"以激进的方式进行具有行业震动性的并购将成为可能，甚至是一种趋势。

"鸡啄米"：隐身派的"完美嫁衣"

人们在谈论中国企业国际化时，总习惯将眼光放在联想、TCL 这类"放卫星"的英雄或海尔、华为等到海外"摘月亮"的勇士身上，对于富士康等"闷声发大财"的隐身者，却鲜有关注，而这类企业以 OEM、ODM 的模式进军国际化的路径，正是当前大多数中国企业最普遍、最急需的"实用手册"。

　　2011 年 10 月 5 日，苹果掌门人乔布斯因胰腺癌去世，全世界的媒体和网友纷纷哀悼缅怀，有人评价"这是一个时代的终结"，但与此同时，却少有人对工厂遍布中国的富士康投以必要的尊敬——这家全球最大的代工企业正是隐藏在苹果光环背后的真正生产者。富士康对苹果的重要性，从以下案例中可见一斑，在 2009 年 5 月 27 日到 6 月 6 日的短短 10 天内，富士康就为苹果组装完成急需的 64 万部手机，供应链专家戈登评价说："在不到 60 天内，苹果售出了 200 万台 iPad，现在等待的队伍已经很长，如果苹果淘汰富士康，队伍会更长。"除苹果以外，富士康的客户还包括诺基亚、摩托罗拉、索尼、思科、戴尔、惠普、IBM、任天堂、北电等几乎所有全球顶级 IT 巨头，它们对于富士康的依赖程度，与苹果相比有增无减。从生产者的角度而言，富士康走出国门的方式，显得辛酸而无奈，毕竟是依附在别人的品牌之上，所获取的微薄利润堪用刀片比喻。据香港金融学教授郎咸平计算，苹果 2006 年上半年销售收入超过 100 亿美元，可富士康代工每台产品只拿到 4 美元，99% 的钱都被苹果赚走。

　　如果富士康的国际化仅停留于此，那么其"全球代工帝国"的称号就太名不副实。从 2003 年开始，郭台铭加快了海外并购的步伐：2003 年 8 月 21 日，富士康以每股 1.02 欧元的价格收购全球第三大手机外壳制造商芬兰艺模公司 93.4% 的股份，交易金额总计 6220 万欧元（约 6.14 亿元人民币），这是中国企业首次远征北欧市场；2003 年 10 月 15 日，富士康以 3000 万美元收购摩托罗拉位于墨西哥奇瓦瓦州的一家

500人工厂，原地接收摩托罗拉的组装订单；2004年3月23日，富士康宣布以4700万欧元收购汤姆逊旗下香港广播电视公司所持有的全部Dominant Elite公司股权。此后，富士康又连续与索尼多家工厂达成交易：2009年9月1日，索尼将美国加州Baja集团90%的股份以及该集团位于墨西哥提华纳的液晶电视组装工厂一并转让给富士康；2010年3月底，富士康宣布收购索尼在斯洛文尼亚的液晶电视装配工厂90.1%的股份，交易价为3600万欧元。尽管并购之后，富士康依然会为国际IT巨头贴牌生产，只是将工厂由中国搬向海外，但是由此带来的营销渠道、品牌推广、文化融合、管理能力的提升是在国内市场无法比拟的，一旦富士康以自有品牌进军海外的那一天到来，以上的并购将成为绝妙的伏笔，到那时，恐怕盛气凌人的国际巨头都会胆寒三分。

与富士康以同样的方式进行国际化探索的还有美的、康佳、创维等一大批家电企业。虽然美的从2000年开始在全球各地设办事处，并在2006年之后相继在越南、泰国、俄罗斯等地建厂，但是除以美的自由品牌在东南亚等地销售外，美的还长期为东芝、GE、TOTO、三星等世界知名品牌进行贴牌生产，这也是以低调稳健著称的美的掌门人何享健所说的"两条腿走路"。而随着近年来日本、韩国传统电子品牌纷纷转型，尤其是在2008年全球金融危机之后，大量订单向中国企业转移，康佳、创维、TCL等彩电企业都扩大了OEM代工的比例。对于以勤扒苦做在地里刨食的形象在商业舞台辛劳耕耘的家电企业而言，多年来在微利中打拼、厮杀的经验逐渐让整个行业形成一股务实的风气，这也是南方企业家的典型气质。尽管广告战、促销战花样不断、虚有其表，但涉及盈利与生存的问题，它们向来拒绝浮华，即便代工也好，隐身也罢，他们只赚"里子"，而不苛求"面子"，那毕竟是"华丽的嫁衣"。

这种以代工模式进入国际化的方式，我们还能在服装、电子、鞋帽、家具等几乎所有行业中见到，这正是中国成为"世界工厂"的根源之一，它们的国际化征程，要比联想、海尔早得多，甚至可以追溯到上世纪80年代"三来一补"的洪流之中，尽管这些企业可能不会与联想等顶级企业一起载入关于中国企业国际化的教科书，但它们仍然是在一望无际的深海中扬帆远航的英雄。

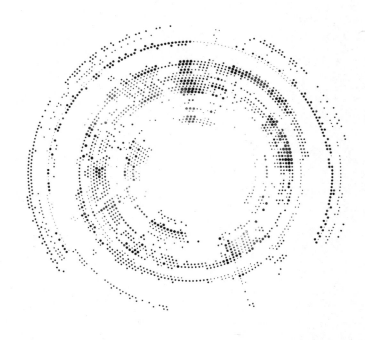

第二章　**中国制造模式创新之路**

电商平台新模式：必要的 C2M 之路

必胜：必要商城董事长

　　3 年前，当我把上一家互联网公司卖掉之后仔细分析了失败的原因，思考自己到底错在哪儿。在出现分歧的过程中，我发现了一系列的数据，这些数据显示：中国的制造业、零售业，在近 20 年的时间里经营得很好，但是从 2008 年以后就发展得越来越差。

　　我进入互联网领域，做的是流量，但事实上我现在正在开始降低流量。我在我的个人公众号里记录了每一个品类进入必要商城的过程。在这 3 年中，我和我的团队见了 1700 多家制造企业，在这个过程中，我也拿我以前分析的理论数据进行了验证。由此得到的第一个想法就是，在中国零售在售的品牌——实际是注册商标，我姑且先把它称之为品牌——在广州市就有 13 万家，大到整个中国，我相信数量不会低于 1000 万家，但是真正上市的非常少。我在 3 年前拿到一份证券公司的报告，详述了中国每一家零售上市公司的财务数据。看完那个数据的时候，我特别后悔自己当年为什么要从百度出来，进入这个根本不挣钱的零售行业。整个一本厚厚的报告里面，记录了一些可圈可点的中国零售公司的财务数据，平均的税后净利润为 5%。当然，里面还能看到极个别全年税后净利润 0.3% 的企业。也就是说，在上千万个注册品牌里面，只有少数的才能盈利。如果一位创业者准备做零售，我希望他再思考下，盈利概率实在太小了。通过这个数据，我就思考中国甚至全世界的零售为什么会这样。当我和全世界做品牌零售的大咖聊到零售时，无论是美国人、西班牙人还是巴西人，甚至在全世界标准案例中都会涉及消费者、经销商、品牌商和制造商这四者。

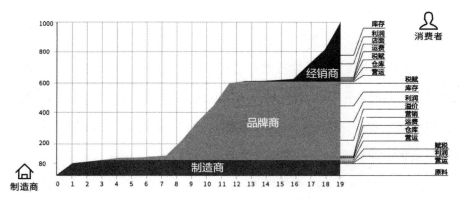

传统零售加价模式

上图图表从下到上的阴影部分分别代表制造商、品牌商和经销商的生存空间并注明了其各自的加价模式。传统零售的一件产品从出厂到消费者的手里，必然要经历这几个渠道，从而导致了平均近 20 倍的加价。举一个例子，我前年跟亚洲最大的女包制造商聊天的时候，我问对方，普拉达（PRADA）在欧洲的销售价是多少，成本有多高，这些包可以在生产线买吗？他说，普拉达允许他们每年可以拿两件送朋友。零售业存在巨大的加价倍率，这导致日常零售商业的加价为 12~18 倍，再高一点有 30 倍的，也存在 100 倍加价的。

这个时候我发现，这个问题可以解决，只要换一个方式，不要经销商，不要品牌商。这是我做必要之前的假设，这样可以吗？最后发现不行。因为整个零售里面导致加价的，并不是那些细碎的物流、仓储，甚至不是一级、二级代理商的成本加价，而是库存。库存是所有零售企业的痛，每一家零售企业都在讲库存。有一个非常具体的数据，百丽（Belle）2015 年上半年的销售成本是 67 亿，当然包括一定的经营费用和仓储费用等，但在这 67 亿里面，有 64 亿是库存。消费者会有一个感觉，自己买的东西越来越贵，质量却越来越差。为什么呢？是因为 B2C 模式实际上是"期货"交易，商家在销售之前根本不知道这个产品在未来会产生多少销售。开店产生订单，当然也会有预估不准的时候，而且预估不准的概率很大，就不得不把尾货的亏损加到销售价格上。所以，产生的库存是所有零售企业解决不了的一个巨大问题。

意识到库存问题的时候，我开始跟所有的同事一起去拜访 ZARA、优衣库等全世界的优秀案例，看它们是怎么解决的。解决库存问题最好的方法就是没有库存，让用户去直连制造。在这个时候我们发现，既然用户可以直连制造，走到这一步的时候，必要 C2M（Customer to Manufactor）的理论模型就清晰了。建立这个理论模型整整花了 6 个月的时间。假设一个人想要购买一件 T 恤，如果这个人的消费能力是 100 块钱的话，因为几倍的加价（T 恤没有几十倍的加价，但也有三五倍的加价），只能买到成本 20 块的产品。反过来,在用户消费力不变的情况下,用 C2M 模式,可以寻找到更好的制造商。也就是说,中国金字塔顶端的制造商跟我们合作,就确保了性价比。

关于转型,我认为有几点需要注意。

首先,千万不要认为 C2M 是定制,千万不要觉得定制是一个未来。定制是一个非常小的伪需求,而反向才是对的。在这个逻辑里面,定制是错误的,反向定制是对的。那反向是什么?做 C2M。

当时,我们为了基于这个理论算法,就设定了非常严格的招商标准。一个商家如果能成为必要的合作伙伴,要满足 38 项前提条件,比如说必须是顶级的制造,必须要短时间内跟我们合作建立生产线等,有了这 38 项之后才具备必要合作的入门门槛。但这个时候还不能跟我们合作,只是通过初选。商家的产品,还要接近差不多 500 人的产品委员会投票,这 500 人不是专家,全是普通的消费者,而且票选的过程非常简单。比如说一件衬衫,拿来以后找 500 名男士来投票,这件衬衫是什么样的加工,什么样的布料,卖 38 元,会有人买吗?然后我们就开始观察,时间为一个月。再然后就树立三个标准,判断它是否有可能成为我的合作伙伴。哪三个标准呢?第一个就是退货率,如果退货率超过 5%,系统自动下架;第二,差评率如果超过 5%,也会自动下架;第三,生产周期超过标准 5%,也会被下架。这三个是必须下架的刚性目标。为什么是 5% 呢?我们做了一个测算,这个 5% 产生的差评或退货导致的赔偿会让商家的成本增加,低于这个数据,商家才会有利润。到底多少的退货是健康的呢?因为不可能达到 100% 不退货。通过经验,我们分析上面的 5% 这个数字,是一个非常关键的核心数据。

其次，我认为中国制造业充满危机，我认为99%的制造业都快死了。我们做数据分析的时候发现一个模型：中国制造业不是一个金字塔结构，而是哑铃型结构，有好的和烂的，然后就没有了。比如说我戴的眼镜制造商是法国依视路，每年生产6亿副。这副眼镜如果在线下店买，要7000块钱，而在必要售价是299元，这么高端的制造商，仅仅在一副眼镜上的研发费用就是每年两个亿，而通过C2M的模式，这么顶级的眼镜就可以将售价降低到这个水平。那么比它低端的企业卖278元的眼镜自然失去了竞争力，因此我认为中国制造业最大的问题是代表哑铃底部的那一部分制造商。

我参观过合作企业的生产线，它连眼镜的装配工作都全是机器人进行的，有眼镜订单了，必要后台和生产线机器人是全通的，有了订单机器人就进行装配。这一群机器人花多少钱买的？300万。可以用多久呢？可以用10年。每年的机器人成本才30万，而且可以24小时运作。这样折合每副眼镜的设备摊销成本就很小。以前去装配一副眼镜，医学类、精密仪器类的工人工资非常高。这个商家的毛利率达到70%，而用户享受到了极高的性价比，这就有点像小米的模式，产品性价比高，量就迅速多起来。通过这种模式，不仅能吸引制造商和用户，更让用户享受到性价比非常高的产品，而且甚至在某些消费行为上发生巨大的改变。

我认为中国制造业5年的黄金期是存在的，但是只存在于哑铃头部，不存在于哑铃底部。

再来谈谈我对品牌的理解。曾经在跟一个制造企业的老板谈合作的过程中，他提到自己在买品牌。在和制造业沟通谈判的时候，"品牌"是出现频率最高的词汇。但是，我认为中国制造，其实不存在品牌，只存在商标。

企业注册的只是商标。因为品牌要具备一些特性才能成为品牌。很多企业老板认为的品牌其实不是品牌，是借助中国零售大造势的时候开辟的一个渠道商标。

用户在消费过程中有品牌依赖吗？有的，在日常消费中占 20%。例如爱马仕，我承认它是品牌，因为它有品牌历史，有品牌故事，有品牌文化。

我觉得未来的 5 年时间，中国制造业的顶端制造业是存在能做出品牌的机会的。

建立真正的品牌，我认为首先要具备第一个特征，就是能够赋予用户某种东西，能够给用户自身赋予某种东西。必须能够赋予某种独特的基因，才能成为品牌，这只是其中之一。

其次，品牌要让用户建立信任。中国制造企业的企业家，以前给国外品牌代加工的时候，有各种指标，建立了一些工艺标准、生产标准。而国内品牌做生产的时候，因为制造业的利润非常薄，不得不控制成本，产品质量就不高，导致用户对产品缺少信任。在温州一个非常小的作坊里面产的一双鞋子，成本连 40 元都不到，请明星代言，胡乱编一个故事，或者找一些漂亮的外国女模特穿一下，就认为自己的产品很有欧洲范儿了。如果不用产品的质量打动消费者，就会缺失用户基础，那这个企业的品牌只能算是一个商标。赋予用户某种价值，是信任的基础。这就像谈恋爱一样，要产生情感联系。

最后，品牌的名字不要取得很复杂。太多的时候，用户根本记不住你。特别是在互联网时代，大家在网上买东西，有多少个品牌是能被记住的？互联网弱化了品牌，用户可能只记得在哪儿买了什么。比如说在天猫买了什么，在必要买了什么。

所以说，如果现在想做品牌，就要满足做品牌的本质，注重商品的性价比，保证商品的品质，要学会让你的商品跟用户谈恋爱。像 20 世纪 60 年代到 80 年代的日本那样，就会做出真正的品牌。真正的日本品牌，都是在那段时期形成的，当时日本国民收入增加，加上日本人做事认真，才有了现在的品牌。

现在我们中国所谓的百年品牌，还有几个呢？其实也没有几个。品牌是有生命周期的，那些在 20 世纪 60 年代到 80 年代转型成功的日本企业，现在有很多也进入了品牌下滑的周期。因此，我觉得品牌在具备了建立的几大要素之后，就应该去借助互联网。在三年前，我做必要的时候只有苹果手机可以下载必要 App，安卓手机还不支持，因为全世界安卓手机有 9 万多种系统，我们在做适配。三年前，我当时的想法是满足了性价比、高品质，用户肯定会喜欢。我自己还有一个梦想，如果有一天必要商城成功了，我要带着中国顶级的制造，转型成功的制造积极地走出去。以前在百度，我们所有人都叫 TM（TradeMark 一词的缩写，TM 域名是商标域名），也就是产品市场，不是仅仅叫市场。用你计算机的技术，用你的软件能力，去解决用户的某种痛点。大家也许都在用百度地图，百度地图中就有一个功能，当 GPS 系统判断你在路口还有几米的时候会提醒你，这就是用技术解决了用户的痛点。

我当时想，为什么互联网买东西非要看图片，非要看文字，为什么自己买一个凳子，不能把这个凳子虚拟地摆到家里，而要靠一个图片去意淫。

品牌，要有情感联系，不能远远地看着，要跟它一起互动。譬如说凳子这件商品，我现在可以通过手机，将它虚拟调整角度摆到房间里，看跟家里的配套合不合适。2015 年 7 月下旬，法国标致（Peugeot）跟我们一起做了类似的项目。我们能做到什么？通过手机可以把一辆车虚拟呈现在马路上，用户可以凭空把车盖掀开，可以把座椅拿掉，可以看到主轴承、发动机等。其实，这些技术已经实现。

必要提供这个技术，为合作伙伴赋予某种能力，用必要独有的技术，它能够让用户和产品发生互动，发生情感的互动和操控的互动。在用户操控的过程中，不用通过订货会去预估明年是黑色的 T 恤流行还是白色的流行，用户觉得很爽是因为增加了参与感和体验感。通过移动互联网等技术，这个产品让用户记住，让用户跟产品有情感互动。

未来的 5 年是一个非常好的转型时机，因为存在用户的消费升级，所有的用户都想要买更高品质的东西，哑铃顶部的中国制造业就会变得越来越好。另外，移动互联网技术在蓬勃地发展。等到手机出双摄像头的时候，将 AR 技术融入进去就真的能模拟人脸了。到时，用户会看到网上的鞋子能试穿在自己的脚上，买家具、买床的时候，可以直接显示摆放。未来这 5 年，利用高级的产品制造能力、设计能力，借助互联网降低成本，把好的品质及低的价格给予市场，正是我们能做的。

实体零售新理念：制造与零售的整合之路

叶国富：名创优品全球联合创始人

在近年来零售行业非常困难的情况下，名创优品在 2015 年的销售额达到 50 个亿，2016 年的销售额目标为 100 个亿。同样完成百亿元的年销售额，阿里巴巴用了 4 年，唯品会用了 6 年，京东用了 7 年，MINISO 名创优品却用了 3 年，面对 MINISO 名创优品的快速成长，业内人士不吝惜地给出了高度评价——这是一头成色十足的零售"独角兽"。2016 年 4 月，我在北京参加全球零售会议，整个会场很大，现场只坐了 1/3 的与会者，2/3 的人没有来。我上台讲了这么一句话："很多人不看好中国零售业，我本人也不看好，因为在中国没有一个很好的零售品牌，没有一家很好的零售企业。"

在过去的 30 年里，我们卖任何的产品，只需要满足两个特质：第一就是适用，第二就是低价。比如说最早的电话就符合这两条，能接打电话，而且价钱便宜。而如今，产品要满足第三个功能，就是要美观。像苹果的 iPhone，做得非常漂亮。漂亮是怎么来的？通过设计。设计的本质是什么？是让生活变得更美好。包括服装、鞋子，每一样产品，经过设计之后可以变得非常漂亮。从商业模式到具体的产品都需要设计。

在今天消费转型的过程中，有些人的生意很好，有些人却相反。我对生意的理解叫"生生不息的创意"，我认为这是对生意最精准的解释。如果一家企业没有创意了，生意就会越做越差。例如，苹果在不断地开发新的产品，增加新的功能，是创意在引导其成为全球最大、市值最高、净利润最高的企业。生生不息的创意，建成生意。如果没有理解这句话，做生意还是门外汉，连大门都没有进入。

那么，这个创意是怎么来的呢？创意是设计出来的。未来的企业竞争一定要重视设计，不管做任何行业，设计是未来贯穿整个生意的核心。

实体零售真的已经死了吗？我也在反思这句话。怀疑实体零售已死的人不妨看看优衣库和好市多（Costco）等几家品牌。

到美国的人，一定要去 Costco 看一下，目前连香港、澳门都没有 Costco，离我们最近的 Costco 门店是在韩国。我实地走访过它不下 100 家店，它的东西很好，价格很便宜，但是要有会员卡。在美国，没有会员卡可以进店，但是买不了单。在日本，没有会员卡，大门都不能进，进去必须要刷卡。这个企业牛到什么程度呢？在买单的时候，一定要现金，不付现金不让买单，不管你买 100 万还是 1000 万，没有会员卡，就不能买单。可以刷卡，只能刷它自己银行发行的卡。今天，我们中国的企业家们讲互联网，讲用户体验，满足用户的各种需求。但在另一个纬度上，不用过分考虑用户体验，只有把产品做好，价格做低，其他一切抱怨都没用。

优衣库是一家我非常认可的企业，其 2020 年销售额目标要达到 2000 亿人民币，目前我们中国的前 100 大服装企业，甚至前 200 家企业加起来都没有它一家的销售额高。我的很多服装都是优衣库的。我为什么非常推崇优衣库，而不看好 HM、ZARA 呢？ ZARA 的很多产品做工相对比较粗糙，而且价格较贵，HM 的衣服更粗糙。但优衣库做到了时尚、品质。我是一个做产品经理的，买服装就喜欢剪线头。朋友笑我，你怎么这么在意这个细节。说实话，我真的很在意这个细节。优衣库的服装就让我找不到线头，做工甚至比很多奢侈品都要好，而且它的布料做得很好，优衣库一旦到了地级市，地级市到县级市，一般开车半个小时至一个小时之间的车程，整个乡镇的人都可以到它那里买衣服。这是对中国服装行业的一种冲击。今天，服装行业不好做，很多人觉得是因为电子商务，都在骂马云。实际上，这跟马云没有关系，不是服装行业不好做，是你的企业在服装行业中不好做。难道优衣库不是做服装的吗？优衣库 2015 年在中国开了 300 家店，依然是服装企业中成长最快的。

第三个值得关注的企业是宜家。在广州的宜家，周末人多的时候基本上挤都挤进不去。宜家是线下店，从来不做网店，即使是 O2O，也是自己线上带线下，而且它的产品又好又便宜。

第四个企业就是华为，我唯一认可的中国企业。华为的核心竞争力在哪里？在中国制造业那么难做的情况下，华为作为一家标准的研发制造企业，成长得非常快。2014 年，华为的全球销售额是 280 多亿，靠的是低成本优势，主要是低廉的研究费用加上狼性文化。大家都知道，华为的工资很高，华为的人才都是高材生，那么华为现在人均一年研发费用是多少？是 2.5 万美元，而它的竞争对手一年的人均研发费用是 15 万美元，是华为的 6 倍。华为的研发人员每周的工作时间超过 60 个小时，而竞争对手每周工作时间不超过 30 个小时，两者人均工作时间是 2：1，因此华为的性价比与竞争对手是 1：12。2008 年 8 月，中国电信近 300 亿的 CDMA 大单引发设备商新一轮的招标争夺大战，加拿大北电和国内中兴报价在 70 亿元—140 亿元之间，华为却报出了让所有人大跌眼镜的超低价 7 亿元！然而即使如此低价，华为仍然认为利润很可观。任正非有一句很经典的话，在同等技术支持之下，便宜才是王道。这是中国最顶级的研发制造业讲的话。

华为到今天，确实在全球拥有了自主知识产权。前 20 年，华为被别人起诉超过 1000 次。为什么？都是知识产权方面的官司。华为的知识产权走到今天是一个倒逼的过程。华为是全球业务，走出去一定会碰到知识产权纠纷，就会打官司，打完之后就开始谈，能买就买，买不了就付授权费。同时华为也投入了大量的研发费用，所以，今天为才拥有自己的庞大的专利技术。

为什么 Costco、优衣库、宜家、华为，包括名创优品，这些企业死不了？在经济状况非常糟糕的情况下，这些企业快速增长是如何做到的？我认为有四个原因：

第一，环境好。不要看我这个是卖 10 元商品的商店，我们的店大部分是开在购物中心，对面都是优衣库、HM。我的店铺里面装修的货架是跟 LV 一样的，可以做到 10 年不变形，不掉漆，不褪色。200 平方米的店，装修费不下 40 万，你们见过没有？我在做什么？我在做环境。如果优衣库不从香港先开过来，而是从内地小城市开始做起，会有今天的优衣库吗？不会有。优衣库先到香港，再到大城市，再到地级市，再营造一个环境。中国的消费者，尤其是 80 后、90 后，喜欢到环境好的地方消费，不管多便宜，这是基本门槛。如果这个环境很糟糕，不装修，即便东西卖 10 块钱，会有人买吗？很少人买，传播力也很小。

第二，服务好。没有服务是最好的服务。而我们中国人，所有的服务都是过渡服务，盯着钱包服务。优衣库有服务吗？每个人都很忙，只有当你需要服务的时候才会给你服务，不需要的时候不会打扰你。宜家也是，Costco 更是。而我们中国的服装店服务很奇葩，让很多人很有压力，店员会不断地向你介绍。一位女士到服装店，营业员敢说"大姐，你不当明星太可惜了，你穿上这件衣服比范冰冰还漂亮"这种话。这就是我们服务的现状。

第三，产品好。我们很多产品，比如有款眼线笔，在两年的时间里销售了接近 1 亿支。这是什么概念？ 10 块钱一支，一个产品卖了 10 个亿。这个产品，我们是跟欧莱雅是一个供应商，这个产品，如果在美宝莲要卖五六十块钱，而我们直接卖 10 块钱。因为这个产品就像女性的月经一样，需要的客户每个月都要来一次，每个月都要用一支。这就叫消费品，一个月用完之后第二个月还要用。

第四，价格好。在保证质量的情况下，价格越低越好，而不是价格越高越好。我非常不看好中国的服装行业，中国的很多服装我认为叫"三无"产品，没有好的设计，没有好的品质，没有好的价格。为什么今天中国服装行业下滑得那么厉害，那么难做？我认为是在为过去还债，因为过去太暴利了，而中国现在已经到了后觉醒时代。

优衣库在日本被叫做"不要钱的衣服"。在国内，一件优衣库的羽绒服卖 499 元，但是在日本的售价折合人民币是 350 元。日本的人均收入是我们的 5 倍，可以用 350 元人民币买一件羽绒服，而在中国 70 块钱可能一件 T 恤衫都买不到。过去，有些品牌的一件羽绒服要卖 1000 多元。所以，优衣库成长越快，这些品牌倒下得就越厉害。我的羽绒服是优衣库的，设计时尚，而且价格便宜，还有科技含量。优衣库的定位和它的策略，值得每一个零售人学习。

在中国，人们讲究"一分价钱一分货"。这句话有没有道理？我认为，在中国，这只是买高价产品的人给自己台阶下而已。举个例子，欧莱雅的睫毛膏在美国卖多少钱？9.9 元。维多利亚的秘密，内衣、内裤 10 元任选。搞活动的时候，27.5 元可以买 5 条。我进店之后很吃惊，全世界这么好的内衣卖这样的价格。我就问售货员，把你们这儿最好的内衣拿给我看看，然后他让我等等，说放在保险柜里，要找经理打开。经理拿过来之后，售价是 388 元，吓了我一大跳，中国的内衣动辄要上千块钱。我正在孵化做一个名创模式的内衣店，一套不超过 100 元，内衣售价 38 元、48 元等，现在已经引起了中国内衣行业的阵痛。我一定要解放中国的女性。

名创优品在中国开的第一家店让我非常失望，生意不好。很多人到了我们店之后，把东西拿起来看一看又放下去，问的第一句话是："为什么这么便宜？"这让我想起了自己亲身经历的两段故事。有一次，我在美国问路，问一位美国人到某个地方怎么走，那个美国人把我带到自己的办公室，用谷歌地图打印出来告诉我怎么走。刚好到了中午，他就问我有没有吃饭，说给我买个汉堡。我在日本问路，日本人会说"我带你去"。如果在中国问路，别人说"我带你去"，你敢不敢去？你心里会想：这个人为什么对我这么好，有什么企图？中国这个社会很糟糕，是一个非常不诚信的社会。名创优品适应了很久，才走到今天，依靠的是6架马车：

第一，品牌。在我眼里没有品牌，不管国际国内都没有品牌。我认为一个伟大的品牌，一定要建立非常棒的商业模式。没有很好的商业模式，一定没有品牌。

什么叫独特的商业模式？微信就是一个独特的商业模式，品牌一定要建立独特的商业模式。衡量一个品牌有两个角度，一是大家都知道，二是大家都在用。如果光有知名度，没有人使用，是没有用的。我们认为百度虽然有很多问题，但百度依然是非常牛逼的品牌，因为百度这个品牌建立在独特的商业模式基础上。BAT三家企业，在国内确实很难找到能与它们抗衡的企业。有无敌的商业模式才有品牌。

我认为10元叫黄金价位。很多人到我们店里没有压力，10块钱这个价位，让竞争对手无法形成差异化，要形成伟大的品牌，或者生意要做大，一定要用独特的差异化，足够的差异化。我们在新加坡、马来利亚开的店生意很好，而且我们的供应链都是这个行业第一、第二名的。我希望走到全世界，这就是我的目标。在中国，我是200平方米的店，到了国外可以开500至700平方米的店，可以做一个mini版的Costco。如果一个国家，它的文具、袜子、生活用品全部被我垄断，想想我的成长空间有多大？

第二，产品。两个国家打仗要依靠武器，而两个企业之间竞争一定是靠产品。作为一个老板，开发出好的产品，让一帮年轻的销售员去卖，才能卖得出去。你的产品没有竞争力，这场商业战争怎么打？这就是武器的差距。

工欲善其事，必先利其器。过去，我们很多企业能立足是靠宣传，靠服务。但今天我们要靠什么？一定要靠产品，产品是最好的广告。我认为，中国物美价廉的时代才刚刚开始。谁在这个时代能把物美价廉做好，谁就能在这个市场上站稳脚跟。优衣库也好，名创优品也好，都是物美价廉的代表。任正非还有一句话，"学习是最好的创新"。老老实实埋头苦干20年，再花20年向美国、日本学做产品。中国在短时间内很难出现尖端的高科技企业，我们唯一的办法是把我们的产品做好，努力向人家学习，不要浮躁。

北京的一个记者问我："名创优品在这次去产能的过程中，会有什么贡献，或者是扮演什么角色？"我说，名创优品在这次去产能的过程中，会帮助政府加大加快去产能。为什么这么说？大企业跟小企业最大的区别是什么？小企业的产品价格低，质量没保障，但名创优品用最好的工厂，把产品价格做到最低，比小工厂做的产品还要低。所以，中国的工厂没有必要做那么多，未来会越来越聚焦，管理规范、品质稳定的大企业会越来越有优势，而没有竞争力的小企业会越来越糟糕。

服装行业新趋势：依文集团的"柔性"绽放

夏华：依文集团董事长

　　这是一个焦躁的时代，这种焦躁情绪感染到每一个人。2016 年 5 月，我在深圳，跟王石主席说，你写的《让灵魂跟上脚步》有文艺青年的味道，很多人的灵魂很难跟上脚步。事实上，谈及企业转型，大家就如同跳进黑洞里，没有几个人能看到这个隧道尽头的光芒，很多人都不知道该往哪走。当企业陷入迷茫的时候，不仅仅要知道往哪里走，更要知道每一步如何做，这是谈转型非常重要的一步。在中国企业原有的能力模型上进行创新和改变，才是传统企业转型的根本之道。

　　为什么说创变时代对于有勇气、有胆量、有能力的人，是一个好时代？所有的转型都不要忽略坚守一个企业的基本能力。学会坚守至关重要，很多企业根本不是在这个时代干不下去，基本上都是企业主陷入自我恐慌，向前走的时候乱了方寸。一部分企业家觉得我们不适宜转型，也有一部分人认为不学别人的方法根本干不下去。但是你会发现，那么多年都用右手吃饭，忽然换左手，夹个花生米都困难。

我认为这依然是一个品牌的时代，中国在这个时代一定是可以创建品牌的。从商品到品牌是困扰着每一个企业家最大的问题，无论用什么样的生意方式，最后你都是做企业的，无论你是做什么的，如果说高一点的境界都是做品牌的，企业一辈子存在意义很重要之一就是品牌。华为就是典型的代表，在 2014 年 Interbrand 世界品牌排行中排名第 94 位。商标跟品牌之间就差一小步，一家企业在人们的印象里留下痕迹，人们在买产品的时候，脑袋里会出现这个名字，那它就叫品牌。

一个品牌在成长过程中最重要的使命，就是输出一种价值观，传递一种态度，形成对生活方式的一种哲学诠释。我觉得依文 20 多年的时间里，一直在做的事就是在传递这样一种时尚态度，我们陆续创建的 4 个不同品牌，依文 EVE de UOMO、诺丁山 NOTTING HILL、凯文凯利 Kevin Kelly 、EVE CINA 分别为不同的消费者、不同的人群传递不同的声音，表达不同的个性，让每个人穿得更像自己。多年以前我就坚信，有一天全世界会把尊严和荣耀给予中国品牌和缔造它的背后的中国人。

那么，品牌变的和不变的是什么呢？变的是营销模式和跨界的玩儿法。我们做生意的人老是被问：做生意是什么？其实就是你怎么让顾客心甘情愿地把钱给你。我觉得不变的应该是基因和格调。来过依文的人都会发现，我们的楼梯上每天都会有新鲜的花瓣，员工每天的下午茶都有管家送到身边，任何一个员工来公司的第一堂培训课，一定是接受我们自己商学院关于文化的培训。这个不为了别的，这就是你企业的基因和格调，你能给员工什么样的服务。一个住招待所的员工，怎么能给出五星级的服务呢？

今天你会发现，产业互联网时代我们新的模式出现了，甚至颠覆了所有原来的模式。所以，产业互联网时代的模式需要重新定义。

用户消费社群化

前不久，在北京一个社群大会，让我做关于社群领袖的演讲，底下坐满了听众，他们都是社群领袖，仅怀孕妈妈的社群就有 43 个。在中国，过去几十年里发生了巨大的社会经济变化，并且涉及庞大的人口基数，这非常有意思。过去，学生毕业都是被分配的，社区也是被分配的，你会到哪个幼儿园，跟谁是同学，一直到大学毕业分配工作，根本没有选择的机会。而在如今的互联网时代，人们终于可以根据自己的爱好自由选择社群，于是中国的社群快速发展。人们发现有数量不可想象的人跟自己具有同一种价值观，或者是同一种思考方式，就会聚集在一起。依文集团拥有 188 万的 VIP 用户，是一个公司中产阶级的代表，未来非常重要的是谁与谁共享不同的或者共同的社群。

终端产品服务化

我经常说做品牌不容易，大家不要轻易界定品牌，做品牌就像鲜花一样，必须时时绽放，稍一枯萎不绽放，人家就会忽略你，最辛苦的是始终要保持绽放的姿态。那么要用什么样的方法去保鲜？那就是如何把你的产品服务化。

今天，依文不是在卖一件衣服，而是在做一种服务。这就是依文这么多年，无论商业好与不好，无论零售终端好与不好，一直能好的原因。也就是 2003 年非典那一年，逼着我们一个企业把一个产品服务化了。

03 年非典肆虐，各大商场门可罗雀影响了依文的生意。我就想，"能不能客人不动，我们上门服务"——因此我们找到了到今天都独具竞争力的"时尚管家服务"，专门服务高端客户。所以，你一定要创造一种东西，让客户真心真意喜欢。当客户喜欢以后，这就叫好产品。所谓管家服务，就是顾客在哪儿，"管家"就到哪儿。"你有多不同，我就多不同"。管家服务为了让用户感受到个性与黏性，依文的管家出现在顾客家里、公司里、机场和他们的差旅目的地。这一非典时期的服务模式延续到了现在，还起了一个互联网范式的名字"云中衣橱"。客户在出差途中，管家就可以送来一套熨烫平整的套装，这背后依托的是依文在数个城市的上百个门店以及成熟的管家服务体系。

所以，大家经常开玩笑说，你企业的核心竞争力是什么。我说是人，因为一群优质的管家管理近 188 万的 VIP 用户，因为这群人，使我们提早进入人对人、端对端的管理。马云老师选择成为依文的用户，不是因为依文的小立领西服等衣服使他变得越来越帅，而是依文的管家把他的时尚搭配服务做得越来越好。一个把服装产品变成每个人服务的解决方案，365天什么场合穿什么，永远有人管，这就是把一个产品服务化。当然，产品服务化还有一个巨大的价值，就是真正的产品黏性。

我在情感营销的基础上去做服务的创新，去做管家服务的时候，有很多人说，这不可能成为一种商业模式，你不可能成的，因为这么高的成本。但是我就说，我是把这些每一年预算好的，该花来买眼球的广告的钱放在这里边去为消费者做服务，把每一分钱花在他身上。然后这样坚持下来，其实十年来，我们的管家服务现在已经成为行业里边大家真的最认同的一种服务。

今天提到管家服务，我有两种感受。第一我非常自豪，其实我觉得这个服务从一开始如果我和团队只思考利润的话，我们不可能有勇气去创造这样的一种服务。因为从一开始，如果你的客人还没有达到一定基数的时候，付出的成本代价是非常大的，就等于你打破了时间和空间。因为所有的中国品牌其实成长最简单的路径就是店铺的路径，就是我们做了固定的空间，就是我们在各个商场，Shopping mall 里的店，然后消费者需要你去逛店然后才可以购买。那管家服务其实是我在很多年就思考，消费者如何可以不需要逛店。然后时间可以按照他的要求，其实我们都在做服务的设计，但大部分还是从自己的方面出发的，我如何让消费者来，然后我怎样去做最好的服务。那个时候我就在想，如何从第三视角，消费者最便捷的时间，你在他最方便的时间去达成服务。然后在他最方便的地点，而不是你的店铺里去达成服务，其实最早是从这个角度去思考的。

今天其实管家的服务已经到了更高的境界，很多信赖我们的客人，哪怕他出差，这一季的所有的衣橱里的衣服的规划，今年需要几件衬衫，几件风衣，需要怎么样的着装安排，什么样的场合需要，补充什么衣服都是管家提前去做好的。包括你出差的时候，可能你整个包包里面的袜子要有几双，你锻炼时候穿的，你商务的时候穿，更高腰一些的，你什么时候穿什么样的袜子，可能管家都会给你安排好。

所以为什么我会觉得这是一个非常有意思的事，他跨越了时装和生活方式之间的关系，会让客人真正产生他对一个服务最美好的期待，因为今天所有的女主人都非常非常忙，其实很多更高兴的，很多更愿意去参与管家服务的，往往是那些优秀的太太、夫人们，因为她们也是职业女性，她们都很忙，然后她就会做这一件事，她既做一个好太太，但是她又能够省下很多时间，让管家去让先生在每一个场合用最恰当的形象出现。

依文 20 周年庆典的时候，做了一个大活动，来了好几百个 VIP 顾客，其中有一个 VIP 举手说自己能不能讲两句。我当时很感兴趣，他说："我 19 岁的时候，我姐姐结婚，她给我买了一套依文的衣服，接近 20 年了（今年都 40 多岁了）我一直就穿依文，别人的衣服有没有你们好我不知道，但是我知道，我始终能收到这个店长的信息，天凉或下雨提醒我注意。自己忙得忘了生日，店长会发一个祝福信息。我在别的城市出差我需要衣服的话，我给依文打电话，就给我送到酒店，所以说这样的品牌值得我一直穿，我认了，我值了。一个品牌还这么惦记我，这就是一个牛逼的牌子。"专家学者认为没有一套理论是做不好品牌的，但是一个普通消费者告诉我：如果敢于年复一年地坚持，日复一日地用心，坚持就能造就一个好品牌。

我们在这样一个产业互联网时代，我觉得企业家的心智模式到底有没有发生变化非常重要。产业模式成功或失败，很多时候不是由员工决定的，而是取决于企业家的心智模式。很多企业家到我们公司参观，他们说也想这么做企业，但是面对风云变幻的市场往往很难做到。企业家的心智决定了这个企业的成长速度。这个时候，对我们心智的要求有几点：

产业互联网时代的模式重新定义

第一，找得到初心。

这是一个特别喧嚣的时代，企业家都这么焦躁，都认为墨守成规会死，但是变了可能也会死，所以天天处于焦躁中。其实，大家最重要的是把心先静下来。到欧洲，会发现西方比东方安静很多，为什么西方这些年来能产生这么多著名品牌？在欧洲举行的论坛上，我说话都特别谨慎。2014年，我在台上差点下不了台，演讲完之后台下有一个外国人问，中国到底发生了什么，奢侈品牌像坐过山车一样，好的时候特别好，不好的时候特别差。于是，我解释中国正在发生一场消费革命。这个外国人说，不要跟我谈消费革命，我们家六代人做这个牌子，我们家经历过三次世界大战，到今天还有尊严地活在消费者的心中，我们还是一个很牛的牌子。从那以后，我基本上不敢跟人家讲消费革命的事，因为他们可以几代人一直坚持，这就是我为什么说要坚守初心的原因。

一个企业家当初创建企业的诉求是什么？我当初大学毕业后，从站柜台开始，怀着很简单的追求，就是想日子过得更好一点，如果我能想到之后的日子是经常在飞机上吃盒饭，当初我可能也就不会这么努力了。当时，我只是想把日子过得更好一点，梦想就这么简单。20 多年就这么努力下来，让每一个小小的梦想慢慢实现。而如今这个年代让每一个人迅速放大梦想，但如果你的能力暂时无法支撑这个梦想的话，就会让自己的企业陷入僵局。

第二，看得清"生死"。

因为如今，企业真的会"死"，毕胜说制造业现在处于最艰难的时候，我一点都不反对。在服装这个领域里，会有工厂倒闭，会有老板跑路。跑路是什么？活不下去的，死还不能轻易死，所以就跑路了。跑路最难受，没法交代，于是就先跟这个世界隔绝。这个时候，什么叫坚守，不是坚持着不死就是最好的坚守，而是"该死就死"。没关系，从头再来。这个时候，看得清生死，不是顽固地坚守，而是能找到未来清晰的方向，读得懂未来。

第三，读得懂未来。

在做产业互联网的改造过程中，我清晰地感受到，我们企业家个体所看到的未来只是我们那个小小的未来。但是，这三年产业整合里看到有170 多家的好工厂，为全球大牌、奢侈品制造的好工厂。一个好工厂的倒闭，是每个产业的企业家都应该关注的一件事情，因为好工厂是产业链中最核心的那一部分，如果它们都倒掉了，没有一个独善其身的企业。最重要的，当一艘船都要沉掉的时候，那个舱没有任何意义，所以这个产业要保护那些好工厂。我把170 个好工厂，整合到自己集合智造这个链条上的时候，你才发现中国的服装产业可以拥有一个我们从来没有想过的大未来。

很多人说，我们这个企业能活多久？如果你拥有造"物"、造"式"、造"势"和造"人"这四种能力，就代表企业有能活好的能力。为什么说活着很重要，很多企业一下子火了，成为舆论的宠儿，人们都在讲这个公司，但是这家企业却很快销声匿迹。活在每一个消费者心中，才是每个企业家最应该着重关注的事。要有底气地告诉自己，有尊严地活下去，而不是为了一时的火，要坚守品牌的持续创新能力。在这样的时代，面对众多竞争对手，你的企业是否有可持续的创新力，这一点至关重要。苹果的创新力也是源自它 30 年的坚持，没有一个企业是突然间的爆发。

这个时代，对人的心智模式的要求产生了巨大的变化。因为最重要的是你是否具备这种最原始的让一个企业活下来的能力。"造物"的能力、"造式"的能力、"造势"的能力和"造人"的能力，这四种能力缺一不可。

第一是造"物"的能力，就是品牌与文化的融合。

怎么样才能成为品牌，什么东西决定了品牌？答案就在于，是否能给这个世界创造不同的能力。为什么这种创造不同的能力至关重要？有一次我在沃顿商学院演讲，上去之前有点慌乱，所有在我前面演讲的这些欧洲奢侈品品牌老板，他们的 PPT 基本上长得一模一样，第一页讲品牌的历史和文化，非常简单明了，他们的历史都是"我爷爷的爷爷的爷爷"。当时，我的秘书就着急了，问我有没有"我爷爷的爷爷"的照片。我想，就算有也是一个农民。于是，当我站在台上的那一刻，我的智慧是被逼出来的。我说，我知道中国没有五千年的企业，但是全世界都没有，西方也没有，欧洲也没有。但我想说的是，因为中国五千年足够的底蕴和文化，让我站在这里跟大家来一次平等的对话。那一刻，我为什么想说平等的对话，当时依文是一个还不足十年的品牌，我们必须尊重那些从爷爷的爷爷开始，那样有尊严地活下来的百年品牌。我觉得用"平等"这个词对我来说挺恰当的。即使我说平等，其实还不平等。别人都是讲完了再提问，我还没讲完，就有一个老人家举手了，我就直接请他上来。他上来就问："我们这是一场关于奢侈品的论坛，请问你们有奢侈的渊源吗？"我一秒钟没有停顿，反问了他一个问题，我说："您看过《红楼梦》吗？搞奢侈品的如果不知道全球最奢侈的家族生活方式，也不合适。那个时候，妙玉给黛玉泡一杯茶，用梅花上的雪水，比你们把红酒放在桶里贮存几年，哪一个奢侈？"我是一个农村的孩子，但一年四季穿什么、用什么都极其讲究，我觉得这样讲究的民族和这样讲究的民族文化，我们只是没有把它表达出来，没有用生活的方式在世界面前展现出来，所以别人不了解，很正常。那次论坛回来，我就要求我的设计师深入挖掘中国文化。如果一个中国品牌不敢触碰自己的文化，展现自己真正的美，那是我们的遗憾。

于是，在这个节奏飞快的时代，我和我们的中国手工坊团队用了15年的时间做了一件任性的事，就是要让世界看见中国的手工之美。我们建立了国内最完备的绣娘数据库，其中涵盖了贵州、云南、四川等地的10多个民族的3000余名绣娘的资料；我们在大山里建起了手工艺博物馆群，用商业的力量去保护中国的传统工艺；我们组织专家、学者、设计团队深入村寨了解原生态手工文化，提取元素进行设计再创作，这些刺绣纹样元素都被融入了服装的设计之中。就是希望在服装的背后，能让大家读懂中国制造的妙手匠心，读出我们这一份对于时间的敬畏之心。

我在伦敦做过一些展览，印象特别深。我带着年长的苗族绣娘，她们现场刺绣，设计师画图，模特走秀，没有任何草稿。英国很多时尚大腕儿鞠躬，他问我一句话："她们几个是哪一家艺术学院和设计学院毕业的？"我说，这些大娘跟您说话得翻译两次，先翻译成普通话，再翻译成英文，她们根本没有读过任何的设计学院，小学还没有毕业。巴黎时装、米兰时装追求那么多年是为了自然和谐统一，而我们绣娘没有想到，她在生活的大山里可以跟全球设计师合作。对我们来讲，绣娘干的是艺术活，对于这些大娘来讲，养着鸡、绣着花是她们的日子。为什么把博物馆开在大山里？因为那是她们的日子，她们老是在城市里，就绣不出来。一件衣服上绣的几只蝴蝶，没有一只是相同的，这就是我们的手工艺术。每个月都有不同国家的人到中国大山看手工艺术，这些人把大娘14岁的嫁衣买走的时候，大娘说："姑娘，这衣服你能穿吗？"她们压根不穿，是挂墙上。

转型是在基础能力上做得更独特、更好，企业会发现永远能够找到自己的立足之地，让这个世界上那些追求不同的人愿意为你买单。专注时装永远是依文的主线，尽管这些年我们投资电影和互联网技术公司、做全球设计师空间、做管家服务，甚至做产业链的改造，但是架构起来的产业模式始终围绕着时装和客户的生活方式。我们这个手工平台跟很多的创业者合作，我们投资了小黑裙、小绣服。每卖一件衣服，就捐给绣花的大娘一部分，不到半年也拥有了上百万粉丝，也做得很好。通过这种方式，未来这个手工平台上会有几百个创业者，组织了50亿的基金。就是做不好也没事，我们是商业的手法，公益的心。我最大的收获是，要玩得让梦想照进现实，用热爱的方式去工作才不痛苦，否则这一辈子就是煎熬。

第二是造"式"的能力，就是从客户到用户。

什么叫客户，什么叫用户？大家经常说，服装只有客户，没有用户。

我不这么认为。消费者的心是离钱包最近的地方，我们不可能奢望都做微信这样的产品，一个时代可能就只有几个这样几乎所有人都可以运用的产品。但是，当你的客户跟你产生关联性的时候，他就是你的用户。

这些年，依文管理了一些企业家用户，他们的时间都很紧张。企业家最重要的是时间价值，需要体面的形象，没有时间打理自己。我做管家服务的时候，有人说这是小众群体，在这样一个时代，大家不能总给自己找理由，认为这是小众，只要用心地把小范围的用户做强，把小众做透，才能做好，干一件大事。我们的管家服务已经服务了十几万客户，这些客户基本上已经不会亲自买衣服，既不在线上平台买，也不会在线下买，现在就有管家给你配置好，一个盒子给你寄去，好的留下，不好的寄回来。八千块钱、一万块钱可以拥有自己的管家，来指导你在什么场合穿合适的衣服，这就是适合依文的商业模式。

第三是造"势"的能力，就是中国品牌讲故事的能力。

品牌营销的突破性就是造势的能力，这是中国品牌最短的短板，也是从一出生就缺少的。中国品牌认为做得差不多才去干品牌，那是来不及的。从一出生开始就思考自己的品牌，这个能力叫讲故事的能力。有人讲，我没故事。即使你没有故事，但是你的客户有故事，让你的客户讲故事更有说服力。这些年，我们就学会了讲故事的能力。

2012 年伦敦奥运会开幕式当天我们在伦敦兰卡斯特宫搞了一个时装秀，我们的管家用户第一次登上 T 台，一个中国品牌赢得了奥运会上的第一枚文化金牌。我们有机会讲很多故事，VIP 每年都会组织起来走秀。走秀就是一场故事，大家其实都不是模特，我们从来不让导演给他们排练，各自用各自的步伐走。我们有很多故事，一个品牌讲故事的能力，不是天生就有的，是从体验中获得的。

我第一次学着讲故事的时候都觉得不可思议，当时代表中国企业代表团去参观欧洲的企业，一个箱包大品牌，对方一边带我们参观工厂一边讲故事，一道一道程序，所有的手工制作过程。参观到最后，这家工厂给企业家准备了当年上市最火爆的一款女包，我一看周围都是男性企业家，所以我买了人生中第一件奢侈的消费品，在2000年年初的时候折合人民币16.6万元。我心想自己得卖多少衣服才能赚回来啊。而且，当时并没有当场给我包，我是在6个多月后才收到这个包的。等待的第一个月，我收到一个传真，那个时候还没有微信，甚至没有E-mail，这个传真内容是"给您做包的那只羊正在丝绸圈里养着"。第二个月，又收到一个传真，"我们请了美国当下最流行的艺术家给羊量体毛"。

这就是品牌的附加值，消费者都为每一次消费寻找一个理由，值与不值是消费心理学。真正的值是由此了解了消费者需要一个品牌的故事，全世界的奢侈品都用它的故事吊起消费者的胃口。一个故事，它的记忆力、影响力和深刻度远比我们去描述产品更具感染力，消费者没有那么内行。这也让我学会了用外行的视角去思考一个产品和品牌的价值和方式，所以造势的能力至关重要。

第四，造人的能力。这是我说的四种能力里必须要有的，一个好的企业有一个共同点就是让员工心甘情愿地付出，心满意足地得到。所有创业者面临最大的瓶颈，就是你会发现不会带队伍。只有你最累，只有你最辛苦，只有你最着急，那这个企业就不称其为企业。造人的能力是一个创业者最该具备的能力。企业本身就是造人，这也是企业本质的重要使命。

　　依文每一年都会给满 10 年的员工颁发 10 年功勋奖，每次我都会感动得落泪。所谓的企业就是一群人、一辈子、一件事。很多人说我选错了行业，要是做别的行业会成就非凡，但是我不后悔，因为我天天跟喜欢的事打交道，任何一种选择，都无悔于过去，也无怨于现在，无惧于未来。因为你有你自己的长板和核心竞争力，所以每天都能安然入睡。

智能制造新格局：工业互联网走向现实

曾玉波：智能制造产业联盟秘书长

我一直觉得,中国制造业把东西卖得太便宜了,企业把东西卖得越便宜,必然要想办法缩减成本, 那么究竟压谁呢? 压员工, 压供应商, 那么员工一定会丧失责任心, 供应商一定会偷工减料。所以我觉得, 中国制造业至关重要的一点是要在一个更大的闭环里去思考这样一个问题——怎么样把东西卖得更贵一点。

中国制造业怎么把东西卖贵,是一个值得大家去思考探索的问题。我们怎么抓住转型这个机会,打破原来你卖 9.9 元,人家卖 9.8 元这样廉价竞争的思维模式,将制造业往更好更高的方向引? 关于这点,我非常认同吴晓波老师的观点,中国制造业要向德国人学习工业 4.0。

2016 年 4 月份, 我和吴晓波老师在德国汉诺威参观工业 4.0, 在一个德国做汽车零部件的公司开的咖啡馆里, 他们放置了一台安全的机器人,顾客只要在咖啡馆门口的显示屏上写上自己的名字和要选的咖啡，这台机器人就会把你的名字印在杯子上，同时把这一款咖啡做好送到你的面前。这让我不禁思考：它还是制造业吗？我们看到的是一个咖啡馆，而咖啡馆里面服务的是机器人。我们在这里面的消费模式是你如何把你的喜好放在这样的系统里，他卖的已经不是一款咖啡而是你喜欢的一种服务。

所以当我们去看的是制造业，我们想把原来 10 块钱成本的东西做好，然后卖到 100 块钱，是不是应该从更有科技含量的角度去看？而且改变我们的不光是技术，还包括了模式。比如说，原来我们一直觉得制造业就是车床、机床、螺帽、发动机、汽车底盘等。但实际上，我们看到了一个很有趣的事儿，微软跑到汉诺威的展会上展示什么呢？在它的展台上放着一台飞机发动机。而这个发动机是劳尔斯罗伊斯的，我们看到微软这样一个做软件的企业，早已经将目光放在了制造业上，将自己的产品与服务理念与传统的制造业产品结合形成一体化模式，通过微软的云端提供解决方案，不光是发动机本身，也不光是云端，而是一种互相结合的服务模式，两样东西都卖得更贵了。

吴晓波老师说，未来我们要看的是趋势和政策。趋势是通过压缩成本把产品越卖越便宜，还是通过科技将产品越卖越贵，并且产生创新的服务？这是我们看待工业 4.0 的核心，如果以前讨论工业 4.0 只是一个概念的话，这次通过去到德国实地考察，就能接收到很多新信息，并且是一个个真实的产品案例摆在我们面前，所以我们应该实地观察工业 4.0 里面有什么。

对于传统企业，通过工业 4.0 的思维模式，将我们的产品以更优质的品质生产出来，用更高的价格来销售它。在工业 4.0 中，不管是互联网、

AR、VR，还是智能机器人，都值得我们去投入和研究。我们来看一个例子，Schufler 是做轴承的，实际上就是德国的传统产业，通过工业 4.0 模式，轴承不再是轴承本身，轴承传感器的数据通过云端，与客户系统相连接，当机床出现问题时会自动将问题通报给轴承供应商，两个企业就通过这样的"价值网络"融为一体了。

SEW 是做马达的，他们展示了一个可以重新组合的智能化产线，每一个工作台都是可以移动的，被系统调度。可以非常灵活地生产产品，国内很多企业是做马达的，过去我们的策略就是卖得很便宜，但是从现在开始我们应该追求的是把产品卖得更贵。我们现有的生产线和工作台将被彻底颠覆。

未来生产，第一条就是企业有没有通过系统调度瞬间将工作台任意组合的柔性化能力。未来，如果中国制造业还停留在商品短缺时代的思维，到欧美引进生产线，以为开工就能赚钱的话，我建议这样的企业离开制造业。

早在 20 世纪 80 年代，冰箱行业内有一个很有名的德国公司利勃海尔，那个年代中国的企业向他们引进了 26 条一摸一样的冰箱生产线，当时是赚到了钱的，因为那个年代是短缺经济时代，任何商品都不愁卖。

那么，如今再引进一个一模一样的工业 4.0 回来，能赚到钱吗？我认为就算是真的能引进回来，过了两年之后就会出现工业 4.0 过剩，所以工业 4.0 的魅力就在于创新。

在德国，我们看到的是什么？对于中国制造业来说，工业 4.0 的话题最有魅力的地方就是没有一个统一的标准，并不是完全一样，它的魅力就在于创新，让制造更服务化，让消费者、产品研发、供应链更智能化的打通，让我们变得更加柔性，企业与企业之间通过互联网的方式自动地形成一种价值关系。让我们在打造好的产品角度上有更多数字化的手段来实现，而不是说像原来一样跑到德国引进生产线。现今，国内大多数的制造业，如果还是沿用原来的生产模式，生产成本必将越来越高，企业的生存空间将越来越窄。

过去我在海尔工作时，建了四个智能化互联工厂，从 2012 年开始，我们预见到现在的趋势，我们认为，未来中国制造业不可能永远这样。因此海尔这样非常传统的制造业也在做一些创新的尝试。所以说国内的企业，也不是单纯就只知道去降成本，他们的确在探索，我们需要找到一条新的线路。

海尔也是在利润不高的状态下，在市场上全都是低价格竞争、同质化商品竞争的情况下做这个事情的。我们要在连接用户、打造好产品以及智能供应链这三个角度上都发生变化。

连接用户的方式要变。在短缺经济时代，海尔原来的冰箱、洗衣机不愁卖，可是后来国美、苏宁站到我们和消费者之间去了，他们成为连接用户的方式了，我们跟用户的连接方式变了。于是我们自建门店，在营销体系里有 3000 多个门店和 2 万多员工，可是互联网时代到来原来的 3000 多个门店、2 万多个人变得没有竞争力，所以我们必须在连接用户这个角度上发生变化。不只是一个互联网，其实还有物联网，我们产品的本身就应该连接用户，这也是海尔非常重要的一个战略。

我们必须打造出好产品未来才有机会，未来垃圾商品越来越没有机会。打造好产品需要发生什么变化呢？需要在研发角度发生变化，不能像原来那样去研发。

怎么样在好产品这一块有所突破？在中国，不只是连接用户这一块发生了变化，我们的整个商业模式也要发生变化。等着别人打造好产品，还是自己打造好产品，这是我们需要思考的。

我们的供应链也在变化，变成更智能的供应链，不同于原来那种生产一大堆的东西送到物流中心、物流中心再送到渠道的方式。供应链到底怎么变，有多少变化，能够降低多少库存，这是我们要研究的体系。以海尔的例子而言，把整个闭环倒过来，从原来的以产定销的模式变到以销定产的模式。

在这个模型里面，我们可以看到很多优秀的例子，像小米，在连接用户这一块就做得很好；在打造好产品这一块，华为也的确做得非常好。海尔的重点就是把这个供应链打造起来。这三者之间的关系是一个闭环关系，缺一不可。所以，各位企业家，不要说我们只做连接用户这一块，也不是只做渠道那部分。我们制造企业一直在谈转型，我们要转型成什么样，很多人到现在还一直很困惑。我们要去转型，工业 4.0 这个主题就是需要更多的技术来支撑转型。

转型能够定什么样的目标？是把自己做成 C2B 吗？确定自己要做定制化吗？同时要有更高的效率，更高的品质，现在关心工业 4.0，我们跑到德国去看到一些技术，包括互联网、大数据、智能机器人等。实际上，我们要讨论的主题是怎样才能把下面的技术变成你的转型，才可能连接用户，打造好产品，并且使得我们的供应链非常智能化。我们要关注工业 4.0 这个核心的部分，很多人说我们要谈工业 4.0 的话题，我们要找到它的标准，找到它的模式，找到可以非常统一的东西。既然这个工业 4.0 是支撑我们未来企业转型的主题的话，我认为，可能在一些确定的基础上，包括机器人，包括通信基础，包括软件的接口上面，是有标准的，但我们在模式的创新上可能没有标准。

当我们谈工业 4.0 和转型的时候，我们到底要把自己转成什么样？你的模型是什么，是不是连接用户、打造好产品和智能供应链？这些变化，是 B2C 还是 C2B ？当这些技术支撑这个转型的时候，我们说要把自己的产品打造很好，我们要有很好的连接用户的方式，还要有非常好的智能供应链，这个世界方方面面都在发生翻天覆地的变化，传统企业一定要让自己更好地理解科技给我们带来的是什么。

商业会越来越智能化，我们必须善用大数据，中国制造业要开始做信息化，使用一些软件系统，不然就不要去谈大数据。有一类非常值得大家关注的数据叫产品生命周期数据，这个产品本身它离开了你的企业之后，它还能够源源不断地产生数据，使得你能够重新去思考产品创新和服务创新。如之前说的做轴承的企业，如果离开了做轴承企业，跟那个企业还有关系吗？没有。为什么我们谈工业 4.0 中一个很核心的东西叫物联网？我们要让它有关系，生命周期内跟产品发生关系，产品就代表你的用户，这样才有可能不断去思考新产品的创新和服务的创新。这时，未来商业智能化就不仅仅是互联网端的数据，不仅仅是企业做一些信息化的改变。

我们可以看到，这样的商业智能创新，来自于产品的智能化以及产品智能化带来的服务。想想微软摆在展台上的发动机。我们很早就知道，飞机发动机的数据是与网络连通的。其实我们带来的是一种新的商业模式。

通用电器跟东方航空合作，通过对发动机数据的采集，我们就能知道飞行员的行为，通过修正飞行员的行为，也许可以为这家航空公司节省很多的燃油成本。所以，其实对于通用电器，以后不仅仅是一家销售发动机的工厂，以后是卖动力的。商业的智能是产品的智能化带来服务的智能化。生产拖把和毛巾的企业也能做智能化，原因是那个大闭环，连接用户，产品本身就是连接用户，打造好的产品会带来非常好的前提，同时这又会优化供应链。

实际上，研发也越来越智能化。宝洁说，一款纸尿裤画完图纸就能量产。这个虚拟的产品不是我们电脑里画的图纸，而是把所有的知识融汇到这个工具里面去，包括如何去验证它的工艺，如何生产它，使它不需要小批量试验，而可以直接量产。宝洁可以做到这一点。很多企业说要转型，不要认为只有在渠道那一侧，怎么把东西卖便宜一点有很多办法。但要想办法把产品变得更好一点，更快地推出你的产品，这才是我们要去思考的。

很多朋友说，企业的成本越来越高，是因为人力成本越来越贵，要把工厂变成无人化生产，研究未来的制造业，会有很多科技让人越来越智能化。毕胜提到把 AR 技术融入到家具、汽车的销售上面，其实 AR 这个技术，我们在企业的角度，无非是让人变得更加智能。还有一种应用是，未来我们的企业要越来越柔性，包括了人在里面，但是人要去面对各种越来越复杂的局面，他会犯错。这个技术则负责怎么让人避免犯错，譬如说由一个眼镜或者是一个 iPad 来指引人，这些技术早已经在应用。

工艺也会越来越智能化，所谓的 3D 打印，是数据驱动下的方式，很多人定义仲裁制造，好像是省了一点材料费，在我们看来更多的是一种如何通过研发、数字化会把前面的过程替代。数字化的过程会直接生产产品，我们在生产产品的过程中还有大量的中间过程，我们要把各种各样的电子元件放在一起，其实也是有大量的中间过程。那么有没有新的工艺方式，把中间的过程全部去掉？

我们所做的一切都是去掉连接用户和打造好产品的中间过程。工业会越来越自动化，制造也会越来越智能化，不要认为装一台机器人，或者是装很多机器人就是智能制造。一种模式能够实现什么样的能力模式，能实现定制化吗？如果是一个规模化的生产模式，早在 30 年前，在欧美，甚至在中国（因为那个时候中国有引进的生产线）都早已经实现。

现在，我们要实现一种定制化。定制化是什么意思？这个产品是这样，下个产品就完全不一样，生产的每种产品都不一样。如果机器人能实现这样的生产能力的话，就很牛。如果仅是批量化的，规模化的，早就实现了，这不是工业 4.0。

你的企业要转型吗？要转成什么样？要围绕用户为中心，用户主权使得我们的需求越来越差异化，制造不是一种生产，变成一种服务，这种服务专注于怎么满足个性化。这种方式使得我们的工厂变得更具灵活性。如果有人跟你说我关心的就是降成本，我关心的就是提高效率，我觉得他是没有希望的。这是很简单的道理。例如服装行业，一件出厂价 100 块的衣服卖 1000 块的价格，但大部分都在库存里面。如果你的工厂非常先进，在这样的模式之下生产的东西还是会库存。单纯只是工厂先进有用吗？所以还是要思考怎么样让工厂这个供应链与好产品、连接用户配合起来。定制化不是每件衣服都不一样，每个批次不同也是定制化。我们看制造企业的工厂为什么要变成智能制造的核心部分，以及如何定义智能制造。

其实我们看到，海尔在做这样的努力，连接用户，生产好产品，打造智能化的渠道。不管是做制造业的还是其他服务业，如果思维方式仍然只是觉得有几台机器，有一些小的软件，就能够生产运作，那我认为就应该抓紧时间赶紧了解这个世界的变化。未来的世界一定变成这样：不管是工厂还是机器，还是一台车或一个马达，通过我们的软件，跟互联网连在一起。这个意义就在于，未来会有更多的服务跟它连在一起。当我们说那台发动机连在网上的时候，顶多看一下这个发动机是不是快坏了。如果我们通过发动机观察飞行员的行为，就能大幅度降低航空公司的油，这就有意义。拖拉机停在这里的时候没有意义，连上网也没有意义，如果可以进行调度，就有意义了。轴承连上传感器可以传输数据，能够自动下订单的时候，这样的模型就有意义。

我们要去理解，不能只是单纯从一个方面去看，这样的方式会带来更多的不同，工业 4.0 最大的魅力是思维方式在不断的变化下正在创新。我们研究工业 4.0，包括我们海尔的智能工厂，我们借助这个模型，不仅是工业越来越智能化，人也越来越智能化。如果你作为一个企业家，真的想转型，要去看这些变化的世界，它是一个这些变化的必要条件。重要的是，你还需要去看你的充分条件是什么。

首先，要看你的企业有没有一个正确的组织和文化。什么叫组织？什么叫文化？海尔还是属于走在前面的。很多人还在理解这个事情，我们已经实现了这件事情，靠的是什么？组织的变化。如果你的企业去观察工业 4.0，想要转型，结果你的企业只有老板一个人在动脑子的，别人都是不动脑子的，即使是一个具有非常强执行力的组织，也一点戏都没有。必须要使这个事情变成一个创新的组织。如果你的组织没有这样的创新力的话，注定失败。也许你的企业创建已有 10 年或者 20 年，培养出来的员工都一个模子。企业家想要网络化、连接用户、连接资源，想要真的理解了工业 4.0，我建议去欧洲参观，这也是连接资源的方式，一个开放的方式。

制造业的朋友们有非常大的特点，总是标榜自己，在一个制造型的企业里面，评价一个人太理想化，往往是批评的贬义词。但如果说，我们面对着工业 4.0，其实已经琢磨不透工业 4.0 会带着制造业朝哪个方向走。在中国，海尔这样的企业甚至早四五年的时间就已经有这样创新，我们仍然会批评那些人一些创新的想法是太理想化的话，我认为这个组织也会有问题。这个组织一定要变成敢做理想主义者的组织，我们在海尔的时候画这样的模型，我们的转型到底要转成什么样，我们满大街看到那些机器人。

机器人不是一天出来的，互联网也不是一天出来的，但是机器人 + 互联网就是我们要的转型。我们要转的是商业模式，我们要转的是 C2B，是高效率的定制化。在这样的情况下，谁能够把这个理想提出来，谁能描述得清楚我们要转成什么样?

我 2012 年看到家电的生产线，有 300 米长，必须站满 160 人，重复地生产同样的产品。如果只是把这样的生产线交给机器人，把 160 人换成机器人，仍然是规模化、批量化的生产，就不能实现所谓的柔性化、定制化。

这个时候，如果我们没有基于更理想化的方式做创新，会有跳跃式的变化吗? 在规模化、批量化，哪怕工厂做得再先进，仍然还是库存。在这样的模式下，还能活得下去。更多考虑的是让自己变得理想化一点，因为只有思想才能激发创新。

光理想化还不够，我们还需要在理想跟落地之间寻求一些东西。这个东西叫方法论。让产品变化支撑我们的定制化，并不是想定制化就定制化。从投资的角度来说，是不是说一个完全无人化的工厂就代表竞争力呢？说这样的话的人一定是不负责任的，无人化工厂不代表竞争力。竞争力是由有多少柔性、有多高的效率、多低的成本这些方面定义的。我从来没有见到过一个老板说因为自己的工厂是无人化所以很赚钱的。必须要用方法论的方式，在理念和落地之间找到一道桥梁。

第三，其实转型就是"革命党"跟"保守派"战斗的一个过程。有一次，我跑到上海很大的钢铁公司，给对方的高管做讲座，问大家觉得曾老师在海尔的成就是什么。有人回答可能是研究了一下工业4.0，造了几个智能工厂。实际上，我最大的成就是"活着"造了几个智能工厂。现在谈工业4.0，是一个转型的话题，是一个企业战略的话题。转型实际上就是"改革派"跟"反对派"之间战斗的过程。当我们提出这样一个转型战略一定有人说，你这是天方夜谭。"革命党"在这样的局面下很容易被消灭的。所以，我们必须要勇敢地做一个少数派，未来并不是多数人会成功的，反而是少数派。是一匹黑马。

在这一轮的工业4.0的大潮之中，我们要勇敢地做转型的先行者。

智能手机的"生态链"创新

陈润：财经作家

2016 年 8 月 19 日，Gartner 公布 2016 年第二季度全球智能手机市场销量情况，所有厂商共卖出 3.44 亿部智能手机，同比增长 4.3%。从销量来看，三星、苹果、华为、OPPO、小米排名行业前 5。不过，前 10 大厂商中只有 5 家保持增长，整体形势并不乐观。

智能手机行业的衰落拐点早在 2015 年就已出现，而真实情况要惨烈得多。除苹果、三星等国外品牌之外，华为、小米、联想、魅族、金立、vivo、OPPO、酷派等群雄早已将中国智能手机市场杀入战国时代，"中华酷联黄米周"被视作新的战国七雄。根据互联网消费调研中心（ZDC）调查数据显示，2015 年 4 月中国手机市场在售机型有 1237 款，比上月减少近百款，新品上市与老品退市并行，退市产品数量将近 200 款。短短一个月内有一两百款产品上市、退市，可见更新换代的频率有多高，厮杀肉搏的程度有多白热化。

与此同时，一个不容忽视的危险信号是——智能手机增速放缓。市场研究机构 IDC 统计显示，2015 年第一季度中国手机市场出货量为 1.1 亿部左右，同比下滑 3.7%。其中智能手机市场出货量为 1 亿部左右，同比下降 2.5%，这是 6 年来出现的首次下滑，过去基本保持 20% 以上的增长率。小米的增长变化印证了这一点，2012—2014 年小米手机销量增长率分别为 2296%、160%、226%，但 2015 年同比增长率预计为 30.8% ~ 63%。移动互联网时代，新生商业模式的红利期只有 3 到 5 年，中国智能手机行业已经到了增长拐点。

雷军也承认这个观点，但他认为行业进入创新的瓶颈期并不是坏事，痛点依然存在，"用户永远觉得电池容量不够，画面的效果不够好，这两个痛点至今没有得到特别好的解决"。这样厂商才会用心做好细节。周鸿祎的观点不谋而合，他相信"做手机还是有非常大的机会"："因为年轻的主流人群大概每隔一年要换一次手机，而目前很多手机在真正的功能和工艺上做得不够好……"同样看好"拐点机会"的还有罗永浩的锤子、贾跃亭的乐视、董明珠的格力，甚至连"疯狂英语"创始人李阳及苏宁旗下的 PPTV 都跃跃欲试，他们都已经或即将发布新手机，企业家前赴后继的景象让人仿佛看到智能手机的又一个春天正在来临。

不过，今天智能手机市场的商业模式、竞争格局与三四年前已成天壤之别，周鸿祎说："未来卖手机一定不是一项生意，手机会变成用户和我们之间的一个联系，硬件的盈利趋势会越来越微薄。"这些理由让他信心十足地豪言"我相信将可以干掉市场上目前我们所能看到的手机"。在过去一年间，周鸿祎开始在智能家居、可穿戴设备等领域投资布局，路由器、儿童手表及 IP Camera（网络摄像头）等产品陆续面世，他已提出由"互联网安全公司"变成"安全互联网公司"，这不只是名称排序的调换，而是由关注互联网安全升级为覆盖所有领域的安全。战略转型成败的关键在于手机，周鸿祎认为："我们要在移动互联网上把安全做到极致，就必须自己做手机，这样才能深度介入操作系统底层，在此基础上构筑真正的手机安全，实现用户需求的安全感。"

这正是小米已经走过并仍在继续的成长路径。2014 年年底，小米宣布未来 5 年投资 100 家智能硬件公司，然后入股美的，顺势搭建软件、硬件、服务、内容等"生态链"系统，连接一切智能设备。

2015 年 1 月，乐视成立乐视移动，贾跃亭表示，基于"平台 + 内容 + 终端 + 应用"的垂直整合完整生态，乐视的目标不只是制造手机，而是打造一个完整的移动互联网生态系统，实现"多屏一云"。5 月中旬，20 万台乐 1 在公开购买短短几分钟就销售一空。不排除夸大成分，但乐视手机此后一年间不断完善，崛起为国内智能机市场的知名品牌。

如果不出意外，周鸿祎也会打造"生态链"，以安全为支点，靠搜索、游戏、泛娱乐合作等周边业务盈利。同样，PPTV 以及阿里巴巴投资魅族之后，甚至苹果、三星、联想，也寄望于通过"生态链"支撑手机业务，形成服务平台。

只不过，雷军启动的"生态链"战略是偶像乔布斯都未曾走过的路，凶险、坎坷不言而喻，是否所有智能手机厂商都适用、都能做成，一切犹未可知。更何况，对于那些期望颠覆、打败小米的后继者来说，以"小米"

的方式逆袭包括小米在内的先行者，看起来并不容易。

从智能手机厂商的商业模式和战略布局来看，中国已进入生态消费时代，硬件产品已经从核心价值转变成为非核心价值，用户将为享受高品质内容、服务付费，硬件将以低于成本价拿到甚至免费获得。随着用户增加、流量增长、平台壮大，生态链创造的商业价值会越来越大。

客观而论，"生态链"与其说是智能手机厂商的颠覆创新，不如说是为打破 BAT 三巨头阴影的被动反击。在此之前，BAT 早已开始生态布局，只不过，无论投资入股还是战略合作，始终没有在硬件方面取得突破。以"生态链"为局、以智能手机为支点，赶超 BAT 的长跑正悄然开始。

只不过，"生态链"战略是否所有智能手机厂商都适用、都能做成，一切犹未可知。更何况，对于那些期望颠覆、打败 BAT 的追赶者，包括许多试图复制这种创新模式的中国制造企业来说，成功之路看起来并不容易。

家电互联网转型的创新路径

陈润：财经作家

电视正逐渐步入"老龄化"，"电视将死"也并非危言耸听，电视机逐渐演变为家具甚至摆设。

不过，互联网让原本暮气沉沉的电视机行业青春焕发，2013年被定义为"互联网电视元年"，联想、乐视、小米、阿里巴巴、爱奇艺等互联网公司通过互联网机顶盒、智能电视、电视操作系统、应用软件服务等方式纷纷杀入互联网电视领域，TCL、创维、康佳等家电企业借助合作伙伴的"软实力"在新一轮竞争中占得先机，继PC、手机之后，互联网电视已成为IT企业、家电厂商最重要也最激烈的战场。

这对于传统家电企业而言是个不小的挑战。以往的价格战、广告战都不如脚踏实地拼用户体验更有成效，具有人性化、技术性并使交互落地的产品更受欢迎，单靠硬件取胜的模式被"硬件＋软件＋内容＋服务"的综合竞争所取代，这要求家电企业必须"跨界"，探索与互联网企业优势互补、资源共享、开放创新、合作共赢的商业模式。家电企业只有具备互联网思想和精神，才能在互联网时代借势新生，再造辉煌。

其实，早在 2008 年就出现"智能电视"概念。2010 年 8 月，长虹与 TCL 合资成立欢网科技，可惜因政策原因毫无起色。2011 年，TCL 与腾讯联合推出"冰激凌"智能电视，市场反响平淡。进入 2012 年之后，联想、TCL、海尔、海信等企业陆续推出互联网电视，智能电视、云电视、互联网电视、超级电视等概念五花八门，但因为价格高、操作难、体验差、内容少等各种原因，结果证明这仍然是传统企业的一厢情愿。

在互联网电视变局中，家电企业的自我颠覆注定艰难，互联网企业亦前景难料。即便是谷歌这样的互联网巨头，因为缺乏家电产品的设计理念和制造经验，第一代互联网电视一败涂地，浓重的互联网思维导致电视机界面复杂难以操作，智能电视不智能。在销售渠道上，家电行业依然是强势品牌的天下，互联网公司的电视很难在新领域迅速崛起。而且，售后服务对于家电企业来说驾轻就熟，对用户习惯的变化了如指掌，但互联网公司却无法从容应对。打通与融合是大势所趋，不仅家电企业需要互联网精神，互联网企业同样要具备家电思维。

尽管都是互联网电视，但各企业的市场定位和商业模式不尽相同。小米满足家庭用户对电视直播节目、网络视频、游戏互动的需要，阿里巴巴还具备购物、交水电费、操作家电的功能，乐视的优势是影音资源和娱乐产业链完整……看、玩、用的功能三分天下，互联网让电视的未来更具想象力。但互联网企业并没指望靠卖电视机赚钱，普遍不超过 3000 元的定价令消费者难以置信，如果出货量大极有可能是赔钱生意，除了靠规模化摊薄成本实现盈利，广告、内容、应用、服务、游戏等增值和衍生收益才是互联网电视的利润重点。当然，长期来看，互联网电视的应用功能和盈利能力仍未充分展现，市场潜力还需挖掘。

实际上，家电和互联网行业各自在智能家居领域的模式创新并非独立进行，融合的脚步仍然在加快。2014 年 12 月 14 日，小米斥资 12.66 亿元入股美的。半个月后，美的又宣布与京东合作智能家电，销售额预期将达到 100 亿元。在这一年里，互联网巨头与家电厂商的合作明显加快。海尔在牵手阿里巴巴之后，又联手万科打造智能社区；奇虎 360 与奥克斯合作推出智能空调，和 TCL 联合推出智能互联网空气净化器"T3 空气卫士"；阿里巴巴与格力联合推出物联网智能空调……

不仅如此，互联网公司已经开始"踢门"：小米凭借手机快速崛起之后，又进军路由器、互联网电视、空气净化器等智能家居领域；乐视以低价和内容优势推出互联网电视，把传统电视厂商杀得人仰马翻。对于这种变化，TCL 集团董事长李东生却想不通："从人均保有量来看中国远低于欧美，这几年彩电越卖越便宜，为什么用户依然不买账？"

李东生之惑也是许多家电等传统企业共同的迷局。互联网对于这个时代的冲击和影响，远超出我们的经验认知和心理预期，今日所见之景象，只是发端，远非鼎盛。美的集团董事长兼总裁方洪波总结："互联网已经不是一种思维，而是一种时代的力量；这种力量正在改变着一切。移动互联不但重新解构行业，重塑公司的竞争能力，更扩展和模糊了整个行业的边界，竞争的焦点从独立的产品，可能到包含相关产品的系统。互联网将用户和企业直接联系起来，用户主权转移，用户成为核心，我们必须学习如何跟上时代，立足用户痛点和需求去构建新的商业逻辑，真正以用户为中心。"认识深度不同，改革的力度就存在天壤之别。

美的联手小米，除了借助小米电商销售渠道、丰富娱乐产品线、运用大数据之外，重点在于为智能家居系统布局。美的试图将洗衣机、冰箱、空调等所有家电产品连接起来，并自行开发 App 运行，却始终缺一个通用型遥控器——手机，而这正是小米所长。未来家电行业的竞争已不再是产品、渠道的较量，而是系统解决方案的能力，每户家庭海尔冰箱、美的洗衣机、格力空调"百花齐放"的景象将不复存在，而是"一枝独秀"，只用一个品牌、一套体系、一键解决。当然，家电企业也可以研发开放式的系统和平台，连接一切家电产品。

有人可能会质疑，电视联网可以理解，冰箱、空调、洗衣机联网有何意义？最直接的用途是人们可以在工作时通过手机远程控制。事实并非如此简单，以洗衣机为例，如果以后每件衣服具备品牌、颜色、材料、规格等数据标识，只需简单的识别系统，洗衣机就会提醒："黑色和白色不要放一起洗涤"、"这件衣服不要漂洗太久"，甚至提示"这套西装不能水洗，附近 300 米有一家干洗店，费用 30 元，如需上门取件请按键确认"。再说冰箱，它同样可以提醒用户"牛奶快到保质期，请尽快饮用"、"鸡蛋存余不多，请尽快下单购买，上门送货请按确认键"，甚至还会根据冰箱冷藏的蔬菜种类，自动弹出搭配好的菜谱。这些场景并非异想天开，而是未来智能家电的发展方向。

互联网时代，所有家电产品已经成为智能家居服务的终端入口，这是互联网企业趋之若鹜投资、联手家电企业的根本原因，也是家电行业再次回到商业舞台中央的绝佳机会。经营方式、商业模式必然重构，跨界已是"新常态"，行业洗牌悄然发生，变革者将成为新领袖。

| 品牌新事 |

小米六年六次模式创新与战略转型

陈润：财经作家

在过去半年间，关于小米"盛极而衰""大势已去"的论调甚嚣尘上。2016 年 5 月 16 日发布的《IDC 亚太手机季度跟踪报告》显示，第一季度小米以 920 万部的出货量位居中国市场智能手机市场第 5，同比下跌 32%。第二季度小米出货总量为 1050 万部，同比下滑 38%，退出前 5 阵营。

以此观之，小米正节节下滑。可事实上，小米不只是一家手机公司。2015 年年底的"双 11"期间，小米天猫旗舰店以超过 12.54 亿元的总支付金额拿下全品类单店第一、手机销量第一，此外还有平板电脑、智能设备、3C 数码配件、影音电器以及网络设备等品类的单品第一，而小米手环、小米插线板、小蚁智能摄像机、小米体重秤等小米生态链产品也位居全网智能设备品类单品销量前列。

小米盛衰当前还无法定论，更何况这些都不足以抹杀小米在中国商业史上的分量和研究价值。越来越多的人开始研究并学习小米，"互联网思维""雷军七字诀""小米模式""小米秘密""参与感"……许多人倾向于认同"小米是一家营销公司"的观点，也有些人认为小米是资源整合的胜利者。可实际上，小米是一家战略驱动型公司，其商业模式也在不断创新，且路径清晰、执行力强。过去 5 年间，小米成长并非一帆风顺，而是坎坷曲折，雷军不断调整战略布局，以变革、创新商业模式保持竞争优势。

雷军最早的战略布局是"流量分发，服务增值"。在创办小米之前，雷军以天使投资人身份投资了凡客、乐淘、拉卡拉、UC、可牛等几十家公司，涵盖移动互联网、电子商务和社交三大领域。2011 年雷军成立顺为基金，投资了无忧英语、阿姨帮、雷锋网、载乐、丁香园、微聚等互联网公司，涵盖在线教育、移动电商、医药垂直平台、本地生活服务、社交等热门领域。作为创始合伙人兼董事长，顺为基金的投资方向和领域都由雷军掌控大局。围绕小米的战略布局，金山软件、猎豹移动、欢聚时代、雷锋网、乐淘、迅雷等"雷军系"都成为小米流量入口、应用软件、增值服务的棋子，即使小米手机不赚钱，靠系统内的业务支撑也能实现盈利。这项战略成功的标志事件是 2011 年 8 月 16 日小米手机发布会暨 MIUI 周年粉丝庆典，MIUI 用户突破 50 万。

在这个战略中，MIUI、米聊两款软件是雷军最为倚重的支撑点。然而天有不测风云，微信横空出世，并且在一年内注册用户量突破 3 亿，而米聊还不足其十分之一。雷军被迫调整战略，学习苹果走单品扩张之路，一年内陆续推出电视盒子、路由器、智能电视、平板电脑，其中标志性事件是 2013 年 7 月 31 日小米发布红米手机，雷军为了扩张不惜食言"不考虑中低端的配置"。与此同时，小米先后进军香港和台湾市场，并布局新加坡、马来西亚、印尼、泰国等以华人为主的国家，在六七个区域全面铺开。结果扩张并不成功，路由器、智能电视、平板电脑都没有获得"期待中的成功"，海外市场也举步维艰，小米陷入混乱与麻烦之中。这是小米的第二次战略转型。

好在左冲右突的迷乱状态持续不长，虽然雷军公开鼓励"互联网 +"，却在战略上开始做"互联网 -"，收缩战线，转而打造"生态链"，启动第三次战略转型。2014 年 11 月，雷军宣布"未来 5 年将投资 100 家智能硬件公司，小米模式是完全可以复制的"。一个月后，即 2014 年 12 月 14 日，小米以不超过 12.66 亿元入股美的。另外，雷军还请来新浪总编辑陈彤负责内容投资和内容运营，并入股优酷、爱奇艺、荔枝 FM 等内容公司。至此，小米边界分明，只做手机、电视、路由器三大产品线，掌控小米网、MIUI、供应链等核心环节，形成软件、硬件、服务、内容联动的"生态链"系统。

第四次战略布局几乎与第二次同时进行，不过是雷军基于未来三五年的考虑。2014 年 12 月 3 日，金山、小米联合向世纪互联注资近 2.3 亿美元，这意味着小米已瞄准未来的战略方向——云服务和大数据。小米通过"生态链"系统连接一切可以连接的智能设备，接入点越多护城河就越稳固，平台的价值就越高。小米汇聚大量终端数据，最终建成一个数据采集、服务中心。小米将成为一家数据公司。

第五次转型更像是一次战略聚焦。2015 年，小米巩固融合三大生态圈，第一个是移动互联生态圈。MIUI 在小米设备上创建生态圈，作为一个入口整合其他应用软件。第二个是智能终端生态圈，以智能手机、路由器、智能电视乃至未来的笔记本电脑作为核心，整合智能家居、办公室等各种生活场景，继续打通"生态链"。第三个是小米互联网平台。以小米官网为核心，与阿里巴巴、京东、苏宁等电商平台合作拓宽渠道。鲜为人知的是，小米网不知不觉间已成为中国第三大电商公司。

由于 2015 年小米业绩增长缓慢，2016 年雷军启动第六次转型。2016 年 3 月底，小米发布全新品牌"米家"，雷军宣称"小米要做的是科技界的无印良品"，核心内容就是打造 50 到 100 个小米生态链产品，以接近成本价销售，最终构建一个移动互联网平台靠增值服务赚钱。为此，小米未来 5 年将通路重点放在线下门店小米之家。截止 2016 年 6 月底，已开店 27 家，年度目标是 50 家。雷军说："计划每个月开 5 到 10 家，用 3 到 4 年的时间开 1000 家店，做到 400 亿到 500 亿的零售额，而且不加盟、不挂牌。""米家"与"小米之家"双轮驱动，"科技界无印良品"背后，是雷军将小米打造成世界级的零售连锁集团的雄心。

作为一家"现象级"公司，小米的样本意义并不在于估值 450 亿美金或 2015 年智能手机出货量超过 7000 万台、销售额 780 亿元，也不是"铁人三项""参与感"或"风口论"，而是雷军的模式创新。尤其是最近两年，小米的"生态链""云服务"战略是偶像乔布斯都未曾走过的路，凶险、坎坷不言而喻。

通过雷军 6 年间大刀阔斧的转型不难看出，他希望以小米为支点，撬动并改变中国制造业的现状，从而推动中国产业转型升级和商业发展进程。雷军曾雄心勃勃地说，希望小米能够像三星对韩国制造业、索尼对日本制造业的作用一样，在未来5到10年在多个领域处于第一的位置，希望小米能带动中国制造业的发展。

从根本上来说，6年6次转型，小米的商业模式和战略布局始终在调整、创新。但雷军内心追求令人尖叫的好产品、超预期的好服务的初心始终未变，他一直坚持着改变中国制造乃至工业生态的理想。

"中国制造"需要更多小米这样的企业。无论是伟大、卓越还是衰败、没落，它的成败得失注定将凝聚成后来者前进的力量。

"趁早"以社群重新定义制造

陈润：财经作家

她为赢做过一切，以追求体验最大化。她是按自己喜欢方式生活的"潇洒姐"。

台湾女作家吴淡如说她"敢于追求变化而获得人生体悟"，跨界艺人查可欣评价她拥有智慧、勇气、自信组成的幸福。

她是王潇。2010年以《女人明白要趁早》这本书纪念30岁，却意外成为千万青年的精神导师和励志女神。她就此华丽转身，将价值主张做成一门生意，带领"趁早"品牌一年从100万做到1000万。

2011年底，王潇打算印制一批效率手册给客户做新年礼物。因妈妈做外交工作，王潇从13岁起就用来自世界各地的手册，一年一本，20年来已结下深情，她说："热爱你才能全情投入。"第一批手册制作3000本，其中500本赠送，其余在淘宝销售，以分摊赠品成本。王潇专门委托财务在淘宝开店，开通前几小时，兼当客服的员工张皇失措，王潇也对密集闪烁的旺旺窗口目瞪口呆。

为完成突如其来的项目，王潇调集旗下 motionpost 设计顾问公司全部人马，临时兼职客服、包装、快递。忙乱半个月之后，效率手册售罄，王潇真正认识到电商的力量："在这个互联网时代，如果再不凭借互联网作为平台和工具做事，就太晚了。"

2012 年，上千条关于"效率手册"的反馈蜂拥而至，对于"2013 效率手册"的询问和建议与日俱增，王潇意识到这条路还要继续往前走，并应当成一个项目认真研究。"为什么初级简单的劳动我们每个环节都做不好？"她不服气。一切归零，重新分工，第一批印制 6000 本，后来一再加印，在新年到来之前共销售 35000 本。

2013 年 6 月，"趁早"品牌正式注册。5 个月后，"趁早网"上线。从公关到电商，王潇转型的原因有两个：第一看数字，电商营业额超过公关营业额。在"趁早"注册之前销售额已过百万元，到 2013 年 6 月份达两三百万元，"没想到电商会有这么大的乘法"。第二看平台上的文章，成千上万读者使用工具改变人生。其中有位女生读完王潇的书创业，到 2014 年营业额达到 3000 万元。"没想到我们的精神能给她这么大的力量。"

时代浪潮选择了王潇，她勇敢地站在风口上。

2014 年年初，王潇新浪微博有 14.5 万粉丝，互动频繁。微信是王潇和粉丝互动更紧密的营销工具。"每天专注 3 小时""和潇洒姐塑身 100 天""每日问答"等交流活动深受欢迎，王潇的解答语含机锋，游刃有余。王潇 2007 年获人大新媒体专业硕士学位，她善于利用微信自我营销，扩大影响。

王潇将微博、微信、趁早网搭建的自媒体平台称为"趁早学院"，粉丝被称作"趁早党"，他们大多是王潇的读者，后来成为用户，视她为精神导师。但王潇不认为"趁早"是粉丝经济，她说："纯粹的粉丝经济是一个灵魂偶像和所有人的膜拜。我们是一个精神。我只是这个精神的践行者之一。""趁早精神"是"趁早"品牌的价值主张，而且是非常女性主义的主张。作为有价值主张、人格化的独立品牌，王潇坚信"趁早"能在电商红海中脱颖而出。

不过，线上传播一定要和线下互动结合。2013 年 11 月 3 日，"趁早大会"举行，除公布网站上线，王潇还推出新书《潇洒姐塑身 100 天》。这是她第一次举办大型线下活动，参与者有 400 多人。当天网站点击率达 1500 次，此后连续两天翻番，产品销量也随之翻倍。2014 年，"趁早党"每月都会举行不同主题的交流活动。

王潇说，价值主张是核心竞争力，但还需准确选择产品。

2012 年年底，王潇完成人生一件大事——成为妈妈。

产后第 36 天，王潇开始有计划的塑身训练。2013 年 11 月，《女人明白要趁早之和潇洒姐塑身 100 天》顺利出版。在此期间，"塑身尺"、徽章锁骨链、"塑身 Tee"系列、"小黑裙"系列、"羊毛衫"秋冬系列产品在"趁早小店"陆续上架。这些产品首先需要质量过硬，但客户身材是基础，因此可看做图书作品衍生出的系列产品线。

与此同时，主打产品"潇洒姐效率手册"也更名为"趁早效率手册"，这意味着王潇正式摒弃个人品牌而转向传播和分享内在精神。效率手册产品线也在不断丰富，2014 年 4 月大幅增加主题手册，从专注时间管理向身体管理、财务管理等 12 种主题延伸。到秋季学生开学期，还会为大学生提供更多实用工具。

图书、台历、电脑垫、趁早表单⋯⋯在 2014 年一年间，"趁早"产品线都按计划有节奏地在拓展，"现在应该有个爆炸性或者立方级的增长"，这是战略需要，也是用户的呼声，王潇所有决策都从用户需求出发。但是，所有产品概念始终围绕"趁早精神"展开，"一切都关于更丰富、更美好、更强大的自己"。换个角度看，每件产品都是王潇传播价值主张的载体。

2014 年，趁早网每月销售额约 120 万，运营成本控制在 11%，利润率保持 40% 左右。王潇打算将《女人明白要趁早》中 24 个故事拍成"趁早"系列网络剧，"这是品牌从小众到大众传播的最好方式"。2015 年，她启动"趁早党创业计划"，改变更多人的命运。

2015 年 8 月 10 日，趁早宣布完成首轮融资 2000 万元，投资方包括成为资本和口袋购物。此时，王潇将趁早定位为"国内女性最大垂直价值观社群"。

"我最高兴的，是看到用户使用我们的产品真正有所改变，"王潇满脸幸福地说，"这种高兴才是真爱。"

"趁早"王潇的 10 条人格化品牌方法论

1．关于核心竞争力：价值主张来自于热爱

我们的核心竞争力是价值主张，必须来自于你的热爱。如果你笃信、坚持我们的价值主张——"趁早精神"，自然会更有积淀，更漂亮，身材更好，赚更多的钱，改变肉眼可见。

"趁早精神"就是自己来决定自己，选择自己的命运，让自己来担当选择后的命运，最终成为期待中的自己。我只是这个精神的践行者之一，我走在前面，只是这一群人的代表。

2. 关于商业模式：围绕价值主张的社会化营销

我们的商业模式很简单，就是围绕一个价值主张，采用社会化营销的方式，进行线上、线下产品的销售。

线上和线下的活动就是现在大家都在讲的 OTO。线下活动就是做聚众，在精神传播的同时一定要有一个线下的见面、互动，以及所有信息的反馈。让它有主线、有节奏、有周期地推进，线下活动做起来非常容易，因为我们公司的前身就做这个。

3. 关于产品：从用户出发，强调实用功能

产品要有战略性地分批、分期推进，不能一哄而上，而且要有一个阶段性的推进，符合季节、需求等变化。产品线的拓展、丰富不是从自我出发，而是从读者和用户出发。这些产品都是从概念中抽离元素，与有实用功能的工具相结合，都是按照一个规律来开发的。我们通过社会化营销的方式，得到用户反馈，这都是他们最希望分享和提升的，然后据此进行产品迭代。

4. 关于时间管理：按任务量来分布

我用我的产品——效率手册来管理时间。我不是按时间分布，是按任务量来分布的。每件事按照时间管理的一般方法来排序，比如重要紧

急，重要不紧急，紧急不重要，不紧急不重要，按这个排序来操作。

并不是像很多人想象的那样，会有一个严格起居，我觉得这个不重要，重要的是按任务制从前到后，是不是把最重要的事办了，而且在单位时间内能不能把它专注地办了。这样才能最有效地推动一切事情前进，恪守一个时间没有什么意义。

5. 关于团队：没有利润分红的激励都是瞎掰

一个小型企业的文化就是老板文化，我根本不可能选择不认同的人进入团队。招聘首先看员工习惯，能马上做的事是不是马上做，是不是安排的事情都有结论和落实，是不是很努力、积极主动。看他的能力和强项所在，是不是逻辑思维的，是不是不情绪化的。情绪化和感情用事的成员我们一定不吸纳。

创业期你不可以让成员感觉他们只是在砌砖，或者砌墙，必须让他们知道是在盖一座教堂。给大图景，给愿景。当然也要给大家很好的利润分红，没有利润分红，其他激励都是瞎掰。

6. 关于融资：人先靠自己成长

见投资人和梳理商业计划的过程很好，可以帮助你迅速找到短板。2013 年 8 月我们才正式进入这个市场，资金也不缺，所以对于投资人还是比较审慎的。

我在创投圈还有个交流和学习的过程，尤其在自有资金不缺乏的时候，人先靠自己成长，再依赖别人和寻求帮助。选风投我看重互联网技术资源，第二考虑产业链上某一环节的合作伙伴，包括在趁早品牌运营公司的合作伙伴，可以是生产、影视、培训的，也可以是互联网的。

7. 关于转型：什么时候脑子都别热

我的转型路径很难复制。如果是作家转型，几乎是从头创业，需要财务、人力资源、项目管理，客户维护知识，要懂得责权、任命，许多事情一个人做不了，只能找合作方。无论是不是转型都得理性思考，抽离出来看待，你的优缺点、长短板，什么时候脑子都别热。

如果是实体店转型电商，不做品牌就没什么戏。现在电商是红海，没有机会，唯一的机会留给我们这样的独立品牌，有价值主张、人格化的独立品牌。

8. 关于品牌：最好的传播是口碑

品牌传播有广告、电视、外立面等方式，最好的是口碑。我们做到的第一个就是社会化传播的手段。现在，我们有40%的买家来自互联网搜索，他们不需要知道我是谁，只想买个能管住自己的好工具。

而且，我的著作是最厉害的传播方式，很多价值主张都因为著作，没有理论体系无法传播，这是我们的先天优势，根深蒂固。

9. 关于困境：应该有个爆炸性或者立方级的增长

营业额从百万元到千万元过程中，虽然量一直在增长，但是增长太慢，还远远不够。现在应该有个爆炸性或者立方级的增长，才能显示你做了一个决策或者改变模式的效果。不过我们才刚开始，2013年8月5日才开始当做一个项目来经营。2014年对我们来说，是决战年、飞跃年。当我们没正式做的时候已经如此，今后一定会有更可预期的、更好的目标。

10. 关于失败：我为赢做过一切

生意总是高高低低，来来去去。我没有信仰，不知道有没有前生来世，我只活这一世，我希望这辈子里的体验最大化。我当然想赢，但是如果没办法我输了的话，我为赢做过一切，就也还可以，就是达到了体验的最大化。

我没想过创业失败。我觉得失败只有两种，一种是穷得快死了，一种是累得快死了。累，就是绝望的感觉，看不到希望的时候才会觉得累。我觉得这两件事在我身上都不会出现。

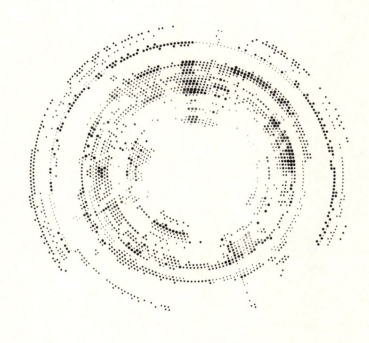

第三章　中国制造资本与营销的新部署

小米生态链"智"造及战略部署

刘德：小米科技联合创始人

2014 年，小米开始建设生态链，至今已经有两年多的时间，我也很愿意把自己在这两年来进行生态链建设的逻辑、体会、感受、经验、教训跟大家一起分享。当时，包括小米在内的一些互联网企业开始跟传统企业互相学习。有的时候，我们觉得好的互联网公司和好的传统公司，大家的逻辑其实是一样的。

举例来说，我第一次见到碧桂园的董事局主席杨国强先生的时候，我们曾经互相分享自己的成功到底有什么经验。碧桂园的成长非常快，在连续几年里每年都保持着 100% 的增长速度。过去，我以为只有互联网公司才能拥有超过 100% 的增长速度，因此对于碧桂园的高速发展，我还是挺震撼的。

杨主席大概说了四点，我觉得跟互联网的思维是一样的。

第一，要做最大的市场。只要看看窗外是什么，我们就能发现，我们所处的城市是由建筑物组成的，碧桂园要做的就是这个最大的市场；第二，有所为，有所不为。只做最擅长的事情。所以，碧桂园从来不到一线城市，基本上是在二三四线城市深耕，在那里做最好的。

第三，追求高性价比。碧桂园在三四线城市卖房的零售价比万科的成本价还低。中国人是非常在乎性价比的民族——我原来也是这么以为的，直到我去过印度以后，才知道还有一个国家比我们更在乎性价比。

最后一点，老板是"产品家"。这个公司的第一把手，或者说公司的老板，一定要最懂自己的产品。杨主席是一个泥瓦匠出身，所以他看任何一个小房子，都能知道成本价是多少。而小米的合伙人，每个人都是产品经理，每个人都在自己的领域深入到产品，每一个创始人都是最懂自己产品的。

通过投资打造生态链，抓住 IOT 时代

大家都知道，互联网的发展分为三个阶段：第一个阶段是传统互联网时代，也就是 PC 时代，那个时候的电脑就只是电脑；第二个阶段是移动互联网时代，手机变得跟电脑一样，甚至更为重要；第三个时代是智能互联时代，也叫 IOT（Internet of Things，物联网）时代，到这个时候，所有的硬件设备都可能智能化，都可能有电脑的属性，万物都可能被联网。

在这个过程中，这个世界上可以被联网的设备呈几何级数增长。在手机时代，我们已经经历了从非智能到智能时代，这给基于消费的传统制造业带来了巨大的机会。而我们可以用三个词来总结未来十年是一个什么样

的世界，那就是互联、云端、智能。

从 2013 年的下半年开始，我们感受到有一个新的机会，就是 IOT 时代正在来临。因此，我们团队想通过投资的方式，通过小米生态链建设的方式抓住 IOT 时代。众所周知，小米的增长速度也是非常快的，尤其是在前 3 年的时候，我们从一家十几人的小公司，用了四五年的时间成长为一家拥有 2000 名工程师的企业。在小米第一个完整的财年（2012 财年）销售额（含税）达 126 亿元，而到 2015 年已经达到 800 多亿元，这个发展速度是非常快的。

但是，一家公司成长得太快是有问题的，一个飞速增长的公司会面临方方面面的问题。那么，我们应该怎么理解小米公司，怎么理解今天互联网公司成长的速度？传统的公司更像一棵松树，倒塌的时候谁都拦不住，像诺基亚、摩托罗拉；而互联网公司像竹子，一旦有机会，一家好一点的互联网公司就会成长为好的互联网公司。可竹子也有问题，它的生命周期非常短，竹笋必须要长出竹叶才能形成内部的新陈代谢，再长出新的"竹笋"，最后形成一个生态链。所以，我们通过投资的方式寻找小米的竹笋，我们要把小米的商业模式从过去的一棵松树变成竹林，形成竹林效应，形成可以自己内部新陈代谢的竹林公司。

截止 2015 年年底，在小米的生态链中已经有 55 家公司，小米平均每年投 15 家公司。这 55 家公司中有 7 家年流水超过了 1 亿元，有 2 家年流水超过了 10 亿元，孵化了 10 亿美金级别的独角兽公司。

仔细想一想，用两年的时间，从一个创业公司开始，成长为一个独角兽公司，只有在小米生态平台上才有这样的机会。事实证明，这种生态链的孵化模式是非常有趣、非常成功的方式。

很多公司做投资，都是由投资人做的。而小米做投资却不是这样。两年前，我们组建了一个完全由工程师组成的团队。投资人做投资是看数据、报表；工程师却是看技术、产品，通过技术、产品来看这个团队有没有价值，再来沟通、判断这个团队对公司的未来是不是有价值。这也是挺有趣的一点，这个团队的兄弟们丝毫没有投资的概念和经验，但事实证明在过去两年里，这是全球最成功的一个投资团队。当我们投第一家公司的时候，完全是由一批做软件、硬件的工程师来出手操作的。

我们的收获和投资从 2010 年小米公司成立，干了五年之后，我们收获了什么？

第一，我们拥有了一支团队。我们有两千工程师，基本上来自于地球上各个地方，打了两年的仗，有成功的经验，失败的经验，做过无数的产品。在小米，很年轻的产品经理每年手上却有几亿的流水。我们锻炼了一支队伍，而且这支队伍很能打仗。

第二，我们有一个品牌。小米是一个有温度的牌子，因为有用户天天关心小米什么时候出下一代手机，什么时候出无人机，什么时候出电饭煲……有人不断地关心这个品牌。

第三，我们用五年时间圈到了两亿的用户群，而且是活跃用户。活跃用户是非常有价值的，因为他们可以持续消费。

第四，我们打造了一个电商平台。小米做手机的时候，是用纯互联网的方式卖手机。5 年前，在网上卖一个 20 块钱的东西很容易，但是卖一个看不见摸不着的山寨手机是非常困难的。所以，我们打造了国内排名第三的电商平台，仅次于阿里巴巴和京东。2015 年的米粉节，我们动员了 240 多万人买东西。

第五，供应链。当我们做任何东西的时候，在保证同样优秀质量的前提下，售价可以比市场上的同类产品便宜很多。

第六，信誉。在过去 5 年里，我们向投资人的承诺，我们向银行的承诺，我们全做到了。

总结下来，小米在过去的几年里，我们得到了这几个方面的力量，我们想拿这些跟所有的平台分享，帮助小公司从一开始就拥有小米这个大平台的实力，一设立就能拥有小米团队的经验，能利用小米的品牌，能获得小米的用户，能分享小米的供应链，能共享小米的销售渠道。

我们关注于哪些领域呢？

小米的生态链投资，可以简单总结为这几个方向：

第一个领域是手机周边产品，例如耳机。投资这个方向的逻辑就是，我们可以享受手机销售的额外利润。

第二个领域是可穿戴设备，例如智能手环、手表，电子秤。

第三个领域是智能家居。在传统白色家电智能化的过程中，在这个领域有巨大超车的机会，因此我们会很关注。从家里的大型白色家电，到厨房电器这些小型白色家电，小米的米家电饭煲、空气净化器和净水器都属于这个领域。

第四个领域，我们投资优质的制造资源。中国是一个制造大国，但是过去优质的制造资源是非常少的。在如今 2016 年观察制造业，可以发现其中有一个大逻辑：在过去的 3 年，以至于未来的 5 年里，中国的制造业将由台湾人主导慢慢转移到大陆人主导，在这个过程中，中国会出现很多优质的制造资源，这是我们非常在意的投资方向。

第五个领域是极客／酷玩类的，比如小米无人机等等。所有吸引年轻人的东西都是我们投资的方向。

还有一个领域是生活方式类，比如小米的插线板、毛巾。没错，我们投资了一家毛巾公司，在小米的网站上进行了众筹，两天可以卖10万条毛巾。我们还投资了做枕头的团队，一个星期可以卖7万个枕头；投资过做鞋的团队，两天可以卖两万双鞋；投了做床垫的，一个星期可以卖1万张床垫。这都是非常有趣的事情。

投资了那么多的团队，那么我们是用什么逻辑来看这些团队的呢？

第一，我们做最大的市场。如果这个产品的品类，它的市场足够大，有10亿的规模，砍下来也能做1亿。

第二，产品要有痛点。比如说性价比不高，产品品质不佳。

第三，我们要投那些被高度关注的领域，手机是一个被高度关注的领域。

今天随着自媒体的发达，越来越多的产品成为被高度关注的领域。几年前，没有任何人关注马桶盖、电饭煲是怎么回事，但随着自媒体日渐发达，涌现出了越来越多拥有高关注度的产品。

第四，符合小米用户群。小米有 2 亿的 17 至 35 岁年龄段的年轻男性用户，大概占我们总用户数的 70%。这个群体喜欢的东西都是我们想做的。

在小米网上，卖一个花裙子可能卖不好，但是我们在小米网上卖台灯、手环，就可能出现爆炸式的销售数量。

第五，我们投资的团队要足够强。大家觉得做小米手环很容易，但对于这个差不多做了 10 年手机的团队，还是有一定难度的。我们投的很多领域，包括小米电饭煲团队，是日本电饭煲团队和国内手机团队结合的。

第六，我们要求团队的老大跟小米有共同的价值观。什么是小米的价值观？我们做国民企业，不赚快钱，要追求产品品质。当时，我们推出小米移动电源的时候，即使定价 99 元相信也能卖得很好，但是我们定价 69 元，占有中国移动电源市场份额的 40%。

很多人都有同样的担忧：做了这么多投资，将来这些公司该怎么管理？

他们又不是你们的公司，你们在这些公司又不控股，而且这些公司做的又是不同领域的产品，你们在这些领域毫无经验，如何管理这些公司？

所以，我们在开始投资的时候就非常谨慎，去找那些跟我们有一样价值观的公司。我们投公司、看团队就跟找老婆一样。有谁听说过娶了一个老婆还要管理的呢？没有。我们要找有共同的价值观的团队，而且我们绝不控股，要把自由权给这个团队。这样的话，这个团队的员工、创始人，以及投资者——小米，就有了一致的利益。我们建构利益一致性。

其次，我们保持各个公司独立的发展，拥有独立的想象空间和独立的决策。

再次，帮这些公司开发自有的品牌和渠道。

在充分地建构了利益一致性的情况下，小米的生态会高速度地成长。

如何打造海量单品

小米的移动电源是一款大家都很熟悉的产品，由小米的紫米团队来研发，这是我们最早投资的一家生态链公司。截至 2015 年年底，我们大概卖了 4780 万个移动电源。

大概在小米刚成立的那一年，我们就发现，手机的屏幕越来越大了，里面的电池不够用，充电宝、移动电源存在很大的商机。那个时候，我们成立了一支小分队，开始做移动电源。

2012 年，有一位朋友拿着他的移动电源来问我们能不能帮他卖，很便宜，不是山寨电芯，是苹果电芯，是尾货。他给了我们一个巨大的提醒：

移动电源本质上是尾货生意。当我们看清了这个生意的本质的时候，发现依旧干不了。这个型号的电池有 20 万支，那个型号的电池有 30 万支。因为大家都知道，小米是干海量单品的。

到了 2013 年，我们在报纸上看到这样一条消息：联想成为全球最大的笔记本电脑供应商。我们这个世界是一个信号学的世界，任何一个信号背后都有其价值。那么，这个商业信号背后的价值是什么呢？很简单，联想成为最大的笔记本电脑制造企业，那么笔记本电脑采用的 18650 标准电芯 [1] 一定会有尾货。移动电源本质上是尾货生意，忽然有一天，全球性的尾货出现了，干不？干！

---

[1]　即 18650 型锂电池，直径为 18mm，长度为 65mm，圆柱体型。

当时，我们说服了紫米团队的老大出来做移动电源，他原来是做手机的。我们告诉他，全球性的尾货出现了，在这个领域有机会产生爆发性增长，其有巨大的产能，如果生产商愿意以跟联想一样低的价格卖给我们，我们就全要。我们谈得很顺利。当小米移动电源出来以后，用一年的时间大概占据了中国移动电源市场 40% 份额。

在小米做手环之前，国产的手环价格基本在 500 至 600 元左右，进口的则是 500 至 1000 元，是个很小众的市场。对于年轻人来说，手环是很酷，但是 1000 块的售价让他们的态度变成了"关我什么事"。当时，通过调研，我们决心一定要把手环做成大众产品，做到连出租车司机都能带着这个产品。我们投资了华为的团队，在第一年就卖了 1200 万只手环，成为全球第二大的手环品牌。

一款简单的插线板，花了我们团队两年的时间，小米插线板跟其他品牌插线板的差别就在于做到了最小的体积。如今再回过头来看插线板市场的时候，就能发现全中国的插线板都差不多长成了这样。就像如今全世界的移动电源长得都跟小米的一样。

小米的空气净化器团队是个人数非常少的团队，甚至在我们投资的时候，这个团队只有一个人，在大学里担任工业设计系主任。当时，我们劝他出来创业，他就找了日本的设计师，找了中国国内给日本代工的加工厂，来做小米的净化器。我们要求小米的任何一款产品是不分 A 面和 B 面的，做这款产品就要求拆开机器，保证里面每一个拐角都是漂漂亮亮的，保证每一个元器件都美轮美奂，保证每一个元器件都可以拿出来当产品卖。

如今是一个消费升级的时代，好产品是不愁卖的。在中国这么大的消费国家，任何一款产品，只要平台好，卖十几万个是很容易的。但如果想卖 100 万个或者几百万个，就有难度了。除了平台好以外，还要会营销，还要拉动流量。如果你要卖 1000 万个、2000 万个，甚至是 4000 万个，那么就很难了，一定要保证这款产品是美轮美奂的，要让所有用过这款产品的人都说"太好了"，建议大家都买小米的产品。好产品是会自己说话的。

只要把产品做好，以中国今天的消费市场规模，会给产品巨大的机会。

用军事理论指导商业领域

小米开始通过投资的方式，用生态链的模式迅速扩张，这是所有人都没有做过的事情。这个世界上，从来没有一家公司在两年前还是一家纯手机公司，两年以后却涉及方方面面的领域，而且每个领域都很成功。我们尝试了手环、移动电源、灯具、净水器、电饭煲、无人机等领域。而到目前为止，每一个领域都是成功的。很多人问，这背后的逻辑到底是什么？

希望我以下的分享能解决这个问题：

做任何一件事都要找理论依据，如果没有理论依据，走着走着就会迷茫。

那么，我们该上哪些领域找理论依据呢？商业领域的理论，输赢无非就是盈利，而军事领域的输赢则是要命的。从这个逻辑上看，任何一个时代，最先锋的理论一定是军事理论，而不是商业理论。所以，我们研究了当代军事理论，去探究到底什么是最先锋的。我们从中找到了两点：

第一点叫精准打击。过去打仗，打出一百个炮弹，总有一炮打到你。

做传统制造业的也是这样，做一百款空调，总有一款适合你。但现在的军事理论是怎么样的呢？我有一颗导弹，我精准地知道你在哪儿，只用一发就能打到你，这就是精准打击。知道用户想要什么，只为其打造一款产品，这款产品保证是用户需要的。

第二点是特种部队。过去打仗是采用人海战术，漫山遍野都是军队。

但是，美国人在海外作战不用这种方式，而是用特种部队，一个小团队，都是老兵，背后有卫星和航母的支持。小米投资的团队都是小团队，要求这个团队的领导人都是老兵，小米作为其背后的航母，告诉他哪里有机会，如何控制成本并一炮命中。

我们跟众多被投资公司的关系，可以总结为"利他即利己，互为放大器"。当小米跟兄弟企业合作的时候，作为一个相对比较大的公司，应该永远站在小兄弟们的立场上想问题，当小米跟生态链上的其他公司遇到各种分歧的时候，我们都是以对方的发展为主，站在对方的利益上去考虑，只要对对方的发展有利，我们就支持。在这个公司规模小的时候，把一款产品做好放到小米的平台上，可以瞬间放大。若干年后，所有这些小米的生态链公司，如果到了中等规模以后，就会成为小米公司的放大器，这是小米的巨大资源。

另外，我们还向蒙古军团学习：第一，蒙古军团很生猛，不发军饷，自己去抢，抢到的就是自己的。小米的生态公司也是一样。第二，轻易不粉"和卖"白菜"的团队是不一样的，卖"白菜"的公司是连一个小菜头都不舍得丢的。低毛利的公司会训练一支强有力的队伍，比如手机行业，慢慢竞争到低毛利，大家逐渐发现这个世界上最有竞争力的企业就是手机公司——因为毛利太低了，错一步都会满盘皆输。

　　传统白色家电企业觉得活得很难受，总说白色家电行业是红海，利润太低了。有一天，我们开会分析传统白色家电企业的利润空间，当我们在手机这个红海里面打过一仗以后，在到白色家电行业一看，会发现这比蓝海还蓝海。所以说，低毛利型的公司才能保持团队的战斗力。

　　有些制造企业并不是真的想谋取高利润，因为高利润不在制造商手里，可能被广告或渠道赚走了，没有赚到制造商自己手里去。所以，我们才要通过互联网渠道，把渠道的成本省下来，把广告的成本省下来，把零售价格降下来，让更多人用便宜的价格买到同样品质的好产品。

　　不管是消费升级也好，还是供给侧改革也好，如今的我们都遇到了一次非常好的机会。尤其对那些消费型的制造企业来说，这是一个巨大的机会。在未来的五年或十年里，中国有可能出现若干个大型的消费类制造企业和品牌。

慕思的品牌塑造和营销战略

姚吉庆：慕思寝室用品有限公司总裁

企业转型大环境

吴晓波老师讲了中国企业变革转型的四个阶段，这四个阶段里面，其中三个阶段我自己亲身经历过。在从军工优先的计划经济转型的那个时候我刚毕业工作，没有感受到军工转型具体是怎么做的。但非常幸运的是，我赶上了1992—1998年的第一次消费升级，和1998—2015年的第二次消费升级。1992—1998期间年我参与了华帝的转型，这期间，饮料行业和家电行业脱胎换骨，开始追求品牌运作，并且有非常多的品牌出现。在1998—2015年间，我见证了欧派等企业的转型。

我非常赞同吴晓波老师的一个观点，物美价廉的时代已经结束。那么企业就面临转型，中国的人口红利已经失去，中国就是国际市场，中国品牌已经走出去了，在这种前提下，中国企业如何转型？如何经营品牌，如何将产品卖得好，能够让消费者接受？

当中产阶级增多，中国的 GDP 应该会发生变化，我们的中产阶级：不是去日本消费，去欧洲买奢侈品，而是在中国就可以满足消费者的购物需求。2015 年 11 月底到 2016 年的 4 月，我一直在欧洲市场考察，不管是在巴黎还是米兰，每到一个地方，都能看见有中国人在排队，全世界的奢侈品在国外还是打折的，一见中国人就不打折。比如爱马仕的包包，限定每个人顶多买两个，而且必须排队购买，退税的地方也是站满中国人。中国有很庞大的消费群体，但有很多人都到国外去消费了。

我在这 20 年职业生涯中运作了三个品牌，华帝、欧派和慕思在 2016 年第 10 届的中国 500 强价值品牌排行榜上都榜上有名，而且都是过百亿的品牌价值。1992 年华帝成立，1993 年前后，中国的家电业兴起，竞争非常激烈，当时在燃器具行业竞争最激烈的是神州和万家乐两个品牌，市场竞争激烈，品牌竞争也已经到了白热化的阶段。那时，长虹电视机销量十分可观，售价在 60~120 元。华帝就是在这种状态下产生的，一出厂就直接定价 200 元，它最早的广告语是"华帝燃具，中国精品"。现在华帝已从当时的中端产品转变为较为高端的品牌产品，在 2016 年第十届的中国 500 强价值品牌中排名 275 位，品牌价值为 140 亿。

我服务的第二家企业是欧派，它是 1994 年成立的，当年的中国还有很多家庭在使用煤球，但是国际市场上的厨具已经非常漂亮。因为之前没有人做过，欧派作为中国厨卫市场的开拓者，成立之初就是国内行业的第一。在运作过程中，欧派从厨卫品牌运作成为整个厨具的第一品牌。

　　慕思与前两者不同，以床垫发家，它本身就是一个高端的品牌。2015年年底，我在法国路易十四的城堡看到了当时已有的床垫，床垫在欧洲已经拥有很早的历史了。席梦思发明了世界上的第一张床垫，弹簧床垫的发明距今也有100多年历史了，在中国也有四五十年历史。中国的床垫企业有几千家，所以这是一个高度竞争的市场，慕思是在这个市场环境下诞生的，但是慕思诞生了之后，开创了健康睡眠系统，通过12年的努力，打造出中国健康睡眠系统的第一品牌，在2016年第10届的中国500强价值品牌中排名是326位，品牌价值105亿，现在慕思在全国有2700多家专卖店。

　　2014年年底，我带领中国的一些媒体和消费者去参加第6届全球睡眠文化之旅。在悉尼举办的一个消费者party上，其中有一个消费者是欧洲人，他称慕思床垫是他一生当中最亲密的伙伴：每天看着慕思的广告上下班，回来以后睡在慕思的床上。在悉尼歌剧院做了关于健康睡眠文化的慕思职业大型睡眠晚会，有很多华人来参加，我们整个团队，穿着印有慕思Logo的衣服。有个消费者问我们是不是慕思总部的，他想见见总部的人，在见到我之后给了我一个热烈的拥抱。他说慕思就是澳洲华人的骄傲，不仅慕思的广告和专卖店是最大的，而且慕思的消费群体里面，除了华人以外还有很多其他外国消费者。在慕思进入澳洲之前，大家对中国的品牌的印象可能是价格比较便宜，自从慕思来了以后，做品牌和做产品这两点不仅是让澳洲的华人，更重要的是让整个澳洲本地人也十分认同。澳洲华人第一会买茅台，第二就是会买慕思。2014年11月，G20峰会在澳洲召开，但不在墨尔本，因此习主席没有到墨尔本，如果他看到我们在这里的店有如此大的规模，相信一定会非常欣慰。

曾经有记者问是不是一开始就想着要把慕思做成一个全球化的品牌。其实当时想的没那么长远，当时我们的创始人在创立慕思的时候，他想法就是想让自己的日子过得好一点，舒服一点。但是在 2009 年、2010 年的时候，他发现很多消费者在中国买慕思，托运到澳大利亚。我们去研究了这个现象了解后才发现，其实有很多是慕思在中国的消费者，但是到澳洲以后睡眠不适应。经过调查，在悉尼有 30 万华人，在墨尔本也有几十万的华人，在澳大利亚开店，完全可行。2011 年，很多本地的经销商都说，慕思的打法肯定会出问题的。因为我们是跟在中国一样，而且我们的营销模式和本地的品牌也有很大不同，每个地方只开一个非常大的店，都是独立的品牌在一个店。而其他品牌一个店还融入其他不同的品牌在里面，而且是不同的消费模式。前期我们客源主要是靠华人，70%~80% 是华人买的。但在 2014 年的时候，60%~70% 的销售占比是外国消费者，30% 是华人消费者，并且我们的价格，其实比本地品牌要高，因为我们掌握了健康睡眠系统。

在国外，一开始依靠当地的华人去购买，因为华人对本地的文化还是有一定了解的。刚好澳大利亚是一个移民的多元化国家，为我们开拓国际市场打了头阵，接下来我们开始在德国、意大利开了很多专卖店。我们在米兰城堡开了一个三层共计两千多平方米的店。米兰的首级设计师以前是服务于阿玛尼的；在意大利，基本上聘请的都是意大利的设计师，通过意大利的企业再生产出来。

如何打造行业第一品牌

如何能够迅速拓展市场，本质是什么？我分享一些我在实践工作中的经验。主要有四个层面。第一，通过整合创新的方法开拓一个新的品类；第二，做好品牌的定位，有一个好的产品，必须要有品牌的辅助才能把它做到位；第三，价值营销，高端品牌的必走之路是价值营销；第四，核心粉丝，就是如何打造核心粉丝。

（一）整合创新、开创新品类

开创新的品类，第一个关键词就是颠覆，这个创新一定是颠覆式的。从现在很多产品可以看出来，变革成为一个完全颠覆性的产品。比如说手机，我用过两个品牌的手机，诺基亚和苹果。在诺基亚还很火的时候，为什么苹果能够迅速崛起，成为手机行业的全球智能手机的代表。今天的iPad 和其他平板电脑相比也是如此，颠覆性的基因让它们与众不同。

慕思是从普通的软床变成研发一整套的睡眠系统。7 年前我创立了一个冠军联盟，把不同行业的第一品牌变成一个联盟，进行一个新的营销模式的探索。前段时间乐视也加入到了冠军联盟。乐视的方式也是颠覆性的，因为它把过去电视的方式变成一种工具，通过内容的方式去做，把一个电视从普通的电视变成网络电视，在一两年之内电视销量达到 600 万台。

慕思的过程与之类似。在 100 多年前，席梦思和这些品牌产生以后，有人发明了弹簧床垫，虽然比普通的硬板床前进了一大步，但它是标准化的。而慕思不仅仅研发生产床垫，而是整套的系统。一个人的睡眠从浅睡到进入深度睡眠，有 5 个周期，深度睡眠取决于床垫、整个系统与人的匹配性。就像我们穿鞋子一样，20 年前买新鞋的时候，总要穿一段时间以后才比较合脚。而现在的鞋子，基本上穿上以后感觉很舒适。核心的问题是，现在的鞋能够根据脚的大小定制。我们的床也是一样，根据各人的身体结构和特点进行量身定制。

第二个关键词是整合。十几年前，当时灶具在市场的价格范围大致是99~160 元。有一次到欧洲考察，在意大利发现有嵌入式灶具，由于台式灶具放在那里令人不舒服，然后就研发了嵌入式灶具。萨巴夫做这个有 60 多年的历史，我们当时整合了萨巴夫的炉头，由于玻璃容易碎，找到东鹏瓷砖用瓷砖做台面，通过不断地优化，不断地改进实现了。

这提示我们整合不同的资源、技术很重要。在整合方面慕思是怎么做的？

第一点，整合全球设计师资源。在慕思成立的第二年，我们就邀请法国非常著名的一个品牌设计师莫瑞斯加入慕思，共同打造国际化的品牌，之后从阿玛尼挖了很多的设计师。有趣的是，这次到意大利米兰参加家具展，都不太愿意让中国人进去参展，后来当我把慕思的名片给他，3 分钟以后带我们进去参观了 40 分钟。参观中，他解释到慕思在意大利都有实体店，同时，产品都是原创的，对慕思这个品牌很信任对慕思的设计也很赞赏。原创设计，是慕思这么多年来一直坚持的，因此慕思在国际上把知识产权的形象也树立起来了。

其次是研发资源的整合。有了好的设计师以后，更重要的是怎么把产品制造出来，我们目前有 40~50 家制造商，都是全世界优质的，而且每一个制造商都有七八十年的历史，甚至 90 年的历史。比如说米勒，2015 年的时候我们带团队去那里参观有 100 多年历史的米勒，是专门做纺织品的，现在已经做到第三代，第三代领导人只做 3D 材料，给宝马、奔驰做坐垫。目前还跟我们合作，给我们定向开发，这些 3D 材料制作床垫可以做到在不同的部位有不同的抗力，技术含量非常高。这就是吴晓波老师提到的积木式结构，即整合型。

第三个关键词是大数据定制。我们要进行个性化定制，需要用到的非常重要的工具就是大数据，利用信息化的工具解决个性化定制。例如一个智慧枕，每个人的头和颈椎都是不同的，在睡觉的时候，不管是侧卧还是仰卧，幅度都不同。先进行测试，测试完以后可以根据个人情况定制枕头。我们通过对高、矮、胖、瘦、孕妇这样 5 个不同的人群进行一个整体的测试，得到了 3 万组数据，通过 3 万组数据的模拟建立一套系统，从而建立一套软件进行测试，这套系统就可以快速地进行定制和测试。因为人的脊椎是一个 S 型的曲线，在侧卧的时候，脊椎必须是一条直线，需要用肩膀、臀部和腰部撑起来，肩部和臀部陷下去才能保持一条比较好的直线，S 曲线要达到配合，才能达到 翻身的次数。如果现在买的床垫不是适合的，整个人在睡觉的过程中，脊椎各方面都是在受力的，容易引起脊椎变形并且不利于保证睡眠质量。因此我们要让睡眠进入一个跟人体完全贴合的时代。

（二）品牌定位、具象视觉锤

一个产品生产出来以后，核心的问题是要进行品牌定位。品牌定位有一个标志叫视觉锤。它的含义是：平时人的脑子对文字记忆不是很清楚，但是对形象的记忆是非常清晰的，比如奔驰，我们一看到三叉标志就知道是奔驰，但是不太能记住梅赛德斯。奔驰 Logo 的这个形象，就像那个锤子，把你所塑造的形象砸到消费者的心中，让消费者记住你。

（三）价值观营销、高端品牌必走之路

价值观营销其实是高端品牌的必走之路，营销的最高方式，就是品牌的价值观营销。有一个黄金法则的圆环图，最里面是 why，中间是 how，外圈是 what。就像苹果手机，苹果是创新和改变，改变人们的生活方式，在改变的过程中顺便生产了 iPhone6，消费者买的是便是它的价值观。

十几年前报纸上刊登了一则广告，"我们卖的不是房子，我们卖的是空气和森林"，这是个没有楼盘的广告，但却吸引我买了一套房子，可见这种精神层面的东西还是影响比较大。奔驰和宝马，其实价格差不多的车，为什么会出现选择不同？完全是因为价值观不同。在做品牌的时候，除了把产品和体验做到很极致，更重要的是核心价值观的营销。慕思的价值观是"善梦者，享非凡"，这句话有两个含义，第一个就是，梦想还是要有的，万一实现了呢；另一个意思就是，不管是已经成功的，还是在成功的路上，一定要坚持梦想。

我曾说过一句话，"领导必须是睡出来的"。今天也说一句话，"成功也是睡出来的"。为什么这么说？在整个睡眠里面，睡眠的好坏决定了一个人的精力够不够，睡眠与很多疾病都密切相关，例如糖尿病、心血管疾病、高血压等。睡眠对一个人的影响还是比较大的，把自己的睡眠管理好是成功的元素之一。

营销的核心目的是让粉丝成为用户，让用户成为传播者和销售者。在这十年当中我们做了很多工作，比如321世界睡眠日、全球睡眠文化之旅、睡眠体验馆、睡眠主题酒店等。通过这些服务拉进与客户的距离，让我们的消费者成为慕思的粉丝，让消费者成为我们的传播者、销售者，这才是营销根本的东西。我们的使命就是，为了让人们睡得更好。我们会与国内外的同行一起共同发展，打造一个健康睡眠行业的国际品牌。

惠达卫浴的全球化策略

杜国峰：惠达卫浴董事、副总裁

1978 年之后开始流行"中国制造"这个词，逐渐全世界都在谈论中国制造。今天我们谈"再出发"，再出发就意味着我们过去时代的结束，一个新的时代的开始。

在 2001 年中国加入世界贸易组织之后，在财经界发生过一次关于制造和品牌的大讨论，形成了两个主要观点。一方观点认为，制造业是整个产业链的最前端，我们很难去发挥我们的优势，我们所做的任何一件事情、一件产品，大部分的利润要受让给后面的品牌和营销；另外一派观点认为，我们要坚持做品牌，当时典型案例是耐克，中国还是要把制造业做好，要创造中国的制造业品牌。在整个观点矛盾的交织当中，体现中国经济转型和制造业转型的焦虑。我们很多做制造的企业，大部分是从乡镇企业、从民营企业发展起来的，惠达也是如此。

如何让做出口的企业回归到庞大高速成长的国内市场，这是一个巨大的选题。我在 2001 年之前从事媒体行业，2001 年之后弃笔从商。我想把惠达的案例分享给大家，一个依赖于出口的制造型企业，一个劳动密集型的企业，如何实现转型，在中国市场，在海外市场来整合形成合力。

谈一个企业和谈一个人一样，要看它的传承。很多朋友问我说在哪里上班，我说在唐山，唐山给大家的第一个概念就是 1976 年 7.8 级的唐山大地震，灾难总是让大家刻骨铭心、印象深刻。但是今天其实我要告诉大家的是，唐山还有一张名片，它是中国近代工业发展的摇篮。1978 年，第一座机械采煤的大型矿井——开滦煤矿；1881 年，中国最早的铁路——唐胥铁路；同年，第一台蒸汽机车龙号机车问世；1892 年，启新洋灰公司生产出第一袋水泥，这些都是在唐山开始的。同样还有一件事情，我们说到陶瓷，总会想到南方，其实中国卫生陶瓷诞生于唐山，1914 年，当时因为大量的外籍工人用不惯中国的洗手间，开始烧卫生陶瓷。这是惠达的历史地域情况。

34 年前的惠达：为众富而生

1982 年，惠达正式成立，可能今天的企业家很难想象那一代人如何、为何去创业。今天我们说万众创业，但是在那个年代，我们的创业都是一个人开始，惠达创立的时候，董事长王惠文那时候接近 40 岁，他创业的初衷是，想要让父老乡亲过上好日子，是让乡亲像临近的大邱庄、华西村一样富裕。到今天，我们的总裁王彦庆，很多人说他就是富二代，如果这样看的话这个富二代年纪有点大，50多岁了，他应该是1.5代，参与了惠达的创业，在他接班之后，推动的惠达的第二次创业，这就是我们的变革。

"白猫黑猫"图腾下的改革和创新基因

很多人很奇怪，一般门口都摆狮子，摆麒麟，摆很威猛的动物，但是在惠达的工厂门口是两只猫，一只白猫和一只黑猫，这是来自于邓小平"黑猫白猫"的理论。在创业的年代，我们要敢抓住机会。改革开放是惠达在创立之初的机遇，惠达一直坚持创新和变革，今天我们的白猫黑猫还没有换成狮子，也许永远不会换成狮子。

34年过去了，惠达从最初员工只有64人到7000人；资产从28万到今天总资产26亿元，营业收入达到35亿元；拥有占地3000亩的生产基地；在渠道方面，我们在中国有2700多家专卖店，已经覆盖到乡镇，在全球130多个国家都有我们的代理商和客户。另外，惠达如今年均纳税3.5亿元，员工薪资年均4.3亿元，这34年来惠达给社会创造的财富是40亿元。当时董事长创业的时候，他希望的是这样一个场景，每家每户有一台飞鸽的自行车，这个愿望早就实现了，现今他的家乡遍地的小轿车，惠达投资了几千万，加上地方的投入，当地的幼儿园、学校、养老院，非常的齐配，是非常典型的城镇化的乡村。

在惠达的整个历史当中，从1982年到现在，经历了34年，惠达能走到今天，有太多的机会和诱惑，我们与联想同一时间创立，这期间很多企业都不在了，我们惠达为什么还在？

第一点我认为是专注，34 年我们只干一件事，我们就做卫浴，做卫生陶瓷，做更好的卫生陶瓷，做更大的卫浴，所以我们没有拿钱做房地产，没有拿钱做钢铁，我们把资金都投资在做卫浴上。

第二个核心是惠达的三次战略转型，一个好的企业，要么在转型，要么在通往转型的路上。"兵无常势，水无常形"，经营企业也是一样。那个时候惠达的出口量还是蛮大的，当时有两个机遇：第一，中国加入了 WTO，中国的产品拿到了世界的通行证，我们可以快速地通向全世界的市场；另一个是中国的企业市场打开之后，效益的提高和规模的扩大，会带动整个中国内地市场的高速成长。在这样的情况下我们该怎么办？是继续加大出口，还是快速抢占中国市场，惠达第一次转型选择从外向型的企业转向内外并存的企业；过去我们做出口是制造商，如何从制造主导型的企业向营销服务主导型的企业转型，这是我们第二次转型。我们的第三次转型，是我们现在正在做的。

第一次转型：由外销主导型向内销主导型转型

惠达的第一次转型是从外销主导到内销主导，到一段时间是内外销并存这样的一个过程。很多制造业的同行知道工厂思维和市场思维是不同的，做工厂永远是效率、成本，做市场的永远是要在市场上获得份额。这两者之间，很大程度上资源不匹配，观念不同。大量依靠出口企业的转型基本以失败告终，工厂思维和市场思维在同一个企业不可调和。

惠达的方式是：国内市场完全独立运营，工厂只作为供应商存在。第一，我们有足够的出口来获得企业的利润，很长时间不靠国内市场赚钱，整个内销部门是完全独立的。王彦庆当时是管内销的，我们的内销和工厂是买卖关系，完全取决于你产品质量的好坏。正是这种变革，推动了整个内销市场的成长，解放了国内市场。转型前和转型后的结果是企业外销占比为33%，内销占比为67%。

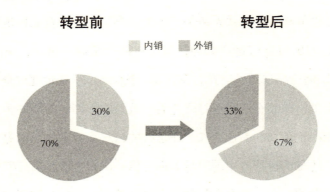

也因为这次转型，惠达这个品牌在国内市场逐渐被消费者所熟悉。2008 年的奥运会，2010 年的世博会，2011 在深圳举办的世界大学生运动会，用的都是惠达产品。这意味着我们有另外一个收获，国内市场的产品，包括我们做品牌、做渠道的东西是可以共享的，这个时候海外市场做品牌营销，这也是推动国外市场高速成长的主要原因。我们在国外 130 多个国家有客户，我们在欠发达国家最大的份额已经占到了 40% 多，内外市场并举，资源协同，全球化市场策略完成布局，这是我们的变化。这几年来，做产品外销的企业都表示越来越难，但我们外销还是有 20% 的增长，其中自主品牌的增长超过 30%，这是我们的第一次成功的转型。

今年年初的时候，我们召开了第一次全球经销商大会，我作为当时会议的主持者要用四种语言做同声翻译，这次会议也奠定了我们第一次转型的全面结束和一个新的开始，就是惠达全面的国际化。

第二次转型：由制造主导型向营销服务型转型

第二次是从制造主导向营销服务主导的转型，我觉得这就是一个观念，过去企业经营由厂长说了算；到转变为销售主导，要什么产品，要什么价位，要什么品质；到现在是客户拥有决定权，我们产品研发出来，我们的定价权、选择权，全部交给客户，客户如果不认可，要么调整方案，要么直接"枪毙"。

同时，转型的核心是人，这些年我们投入很大精力促成职业化经理人团队和本土化团队的融合，重组营销市场团队，引进跨行业的营销人才加盟，搭建起营销、产品设计和研发、服务三驾马车，现在我们这三大中心基本已经形成。今天我们营销中心的老总，产品中心的老总，服务中心的老总，都是来自于跨行业的人才，而且这些外部的职业经理人和本土团队达到高度融合，原来的团队吃苦耐劳，职业经理人在市场方面擅长，他们有资源，两个团队形成互补，整个团队非常的融洽。

第三次转型：由传统企业向智慧生态型转型

第三次转型，也是未来的终极目标，由传统制造业向智慧生态型企业转型。我们过去靠堆积资源，堆积生态要素换来经济增长，换来的市场，我们未来要避免这种方式，要做供给侧，要做好的产能满足第三次消费的需求。而且我们要做智能化，和互联网连接起来，还要跟工业4.0连接起来，下一步要做一个生态企业，做一个环境友好、客户友好的企业。

2015 年最热的"马桶盖事件"引爆了卫浴行业的热潮，我认为企业应该专注于产品，专注于如何把马桶盖做好做精。它和中国现在的家电，和很多这种行业是息息相关的，它的很多配件、很多技术是相通的。过去我们是直接引进日本的产品在中国卖，后来与韩国合作，我们现在有很多产品是韩国帮我们做，韩国帮我们贴牌，然后出口到日本。

基于研发技术和架构的完成，惠达的智能卫浴产品要销向全球，因为我有全球的渠道，要迅速地进入全球市场。伴随第三次变革的技术，企业要学会迎合第三次消费革命的浪潮。我们理解的是追求更高品质的家电，这是第三次革命非常重要的一个变化。中国住宅产业化联盟，装修标准化，同时希望我们的努力更多生态化进入市场，希望带来卫浴的变革厕所革命的核心是解决中国的生态。

在制造业这样一个大的行业，新的惠达面临的是整个国家和世界的经济调整转型时期，惠达的历程，不仅仅是用一种个人财富积累的理念去支撑的，对于一个企业的成长，是远远不够的。所以说我们需要有更高的价值观支撑企业的成长。

有一天王彦庆总裁说，我们也不缺钱，为什么这么累？因为我们还有梦想。2014 年，我去欧洲考察，在几个几百年企业庄园的草地上散步，同行的人问我说："你看到了什么？"我说看到了一个梦想，这就是我们一个企业要继续做的事情。这个梦想是中国一定会出现大量的世界级企业，中国卫浴同样如此。这个目标我们一定要有。过去惠达也提出一个目标，百亿惠达，百年惠达，做百亿很容易，但是做百年很难。对每一个制造业的老板，我们要有更高的要求，更高的理想。

虽然是制造业，我们无论怎么改变，商业模式、营销方式等，我觉得一个东西不变，就是产品不变，因为和消费者最终的连接就是产品，我们要经得住诱惑，以敬畏之心面对制造企业，像德国企业、日本企业一样，我们扎扎实实地把产品做好，把服务做好，把消费者体验做好，做更好的产品，是制造业永远追求的目标。最后，也提醒自己，我们要以澎湃之心面对变革浪潮，面对互联网、工业 4.0 和第三次消费革命等，我们一定要学会拥抱它。

中国家电三大并购案背后的转型棋局

陈润：财经作家

移动互联网风起云涌的中国商业舞台，被打上"传统行业"标签的家电业日渐边缘化，甚至被视作夕阳产业。不过，自 2016 年年初开始，几桩影响未来全球家电制造业格局的并购案重新将公众的视野到聚焦中国家电身上。

2016 年 1 月 15 日，海尔宣布以 54 亿美元收购 GE 家电业务。6 月 6 日，海尔宣布已完成大部分资产交割，最终支付 55.8 亿美元，中国家电业最大并购案将由此诞生。从海尔的角度来看，这次并购至少一举四得。

首先是国际化提速，在北美市场取得绝对优势。海尔早在 20 世纪 90 年代末就以自有品牌直接杀入欧美等发达国家，张瑞敏为此提出"走出去，走进去，走上去"的战略。GE 家电有大约 12000 名员工，其中 96% 在美国，2013 年 90% 的销售额是在美国。通过此次并购，海尔除获得 GE 家电在美国 5 个州的 9 处工厂外，还将获得世界一流的物流、分销能力和强大的零售网络关系，进入美国市场前三毫无悬念。

其次是品牌提升，由低端向高端迈进。据英国调查机构欧睿国际发布的数据显示，2015 年海尔大型家电品牌零售量第七次蝉联全球第一。但是，与惠而浦、伊莱克斯、三星等相比，海尔在全球的品牌影响力仍有差距，低端形象难以改变。并购之后，GE 家电仍将继续使用 GE 旗下的品牌组合向市场销售产品，初始使用期限为 40 年。而海尔将通过全球领先的技术研发水平、著名品牌的带动效应和渠道客户资源共享等途径提升品牌溢价，在全球主流市场逐渐建立高端品牌形象。

第三是完善产品体系，增强厨电实力。GE 的洗衣机、冰箱、洗碗机等厨电产品举世闻名，2015 年前 9 个月 GE 厨电收入 13.86 亿美元，占 GE 家电总收入的 34.15%，不仅业务板块在公司内部占据重要地位，而且在以预装家电的住宅为主流的北美市场拥有很大的影响力。可是，厨电一直是海尔的短板，并购之后引入 GE 厨电的技术、品牌资源，利用海尔的本土渠道，可以在中国市场实现快速增长。

第四是加速转型，布局工业互联网。GE 全球董事长兼 CEO 杰夫·伊梅尔特认为，工业互联网是把智能的机器、传感器以及分析的工具结合起来，用一种分布式和移动的方式来达成目标，智慧的机器、分析的功能和移动性可以带来生产力提高的革命。越来越多的人相信工业互联网是大势所趋，张瑞敏这两年为拥抱互联网时代采取许多大刀阔斧的变革，比如建造智能互联工厂、尝试大规模定制。通过与 GE 合作，海尔可以更深入、全面引入工业互联网体系，在新一轮产业变革中获取领先优势。

当然，海尔并购 GE 家电业务还有更深远的谋划，张瑞敏将其视为"双方战略合作的新起点"。在过去两年间，索尼、松下、夏普等日本家电巨头集体转型，加速"去家电化"，往生命科学、医疗诊断设备、新能源等新兴产业进军。并购 GE 家电之后，海尔将通过与 GE 合作寻找到转型的捷径，直接跨越日本企业在衰退中艰难求变的痛苦阶段，在工业互联网、医疗、高端制造等领域获取增长机会，顺利完成转型升级。在这个过程中，GE 的管理、研发、市场、人才等优势将为海尔提供有力支持。

海尔并购 GE 家电的一个月之后，2016 年 3 月 30 日下午，鸿海宣布将投资 2888 亿日元收购夏普普通股，持有 66% 的股权；另外还将斥资 999.999 亿日元购买夏普特别股，共计以 3888 亿日元（约合 224.7 亿人民币）取得夏普过半股权。

作为全球最大消费电子产品代工厂商，郭台铭一直希望在液晶面板领域有所作为，他曾直言面板是战略物资，更是关系鸿海转型升级的基石。既然夏普掌控液晶面板的核心技术和专利，并购夏普就成为这两年郭台铭的头等大事。一旦入主夏普，郭台铭将集中双方优势打造出全新的 OLED[1] 供应链，并且在 LTPS 技术 [2] 基础上发力 AMOLED[3] 产品，死敌三星的垄断优势将土崩瓦解。另外，在被视作未来显示器主角之一的"有机 EL 面板"领域，鸿海还可以借助夏普的技术优势获得更大成就，这也是苹

---

[1]　有机发光二极管：Organic Light-Emitting Diode, OLED，又称为有机电激光显示、有机发光半导体。

[2]　低温多晶硅技术：Low Temperature Poly-silicon。

[3]　有源矩阵有机发光二极体或主动矩阵有机发光二极体：Active-matrix organic light emitting diode。

果重视的产业方向。

众所周知，鸿海一半的营业收入来自于为苹果代工。面板和金属机壳是 iPhone 利润最高的两个关键零件，一部 iPhone6 Plus 213.5 美元的物料成本中显示屏占到 23%，而鸿海只能在每部 iPhone 中赚到 4.5 美元。目前苹果金属机壳已由鸿海供应，而夏普又是苹果最大的面板供应商，并购之后郭台铭顺势拿下面板供应业务，竞争优势和议价能力将得以提升，利润空间亦水涨船高。更重要的是，优良供应链将为鸿海拿到更多组装订单，进一步与对手拉开差距。

并购夏普的另一大战略意义在于转型升级。长期以来，鸿海被视作没有技术含量、利润率低的"世界代工厂"，郭台铭不甘处于产业链最低端的"落后地位"，一直谋求转型，无论是"十一屏三网二云"中的电商布局，还是与阿里巴巴、软银合资的机器人计划，都无法从战略上解决鸿海的"制造业困局"。尽管夏普雄风不再，但其在家电领域的品牌力、技术优势、渠道资源仍有价值和潜力，液晶电视、空气净化器、微波炉等产品的市场竞争力依然强劲。通过并购，鸿海将顺势进入家电领域，在智能家居时代提前卡位，以"物联网（IOT）"为核心提升整体实力。

同一个月，3 月 17 日，日本东芝与美的集团双方发布公告，美的已与东芝株就收购白色家电业务达成谅解备忘录，交易价格在 10 亿美元左右。截至 6 月 30 日"交割日"，美的完成这笔交易，总额约为 33 亿元人民币，美的将持有东芝家电 80.1% 的股权，还将获得 40 年的东芝品牌全球授权及超过 5000 项与白色家电相关的专利。

过去 10 年间，美的陆续收购华凌、小天鹅、开利埃及子公司 Miraco

及开利拉美空调业务等国内外企业，并购东芝白电将提速美的国际化进程，在日本及亚洲市场取得优势。也利于美的在全球的品牌提升，由中低端向高端迈进。而且美的将借此掌握洗衣机、空调制造的核心技术，尽管美的与东芝自 1993 年开始合作，但这次才算真正拿下。

连续三桩振奋人心的并购案不仅让媒体自豪于中国家电崛起，升腾起全世界"扫货"的优越感，而且对日本家电衰落甚至死亡长吁短叹，冷嘲热讽。可是一个不容忽视的事实是：日本家电企业虽然遭遇困难，可正在借此机会完成转型。

过去两年间，索尼、松下、夏普等日本家电巨头集体转型，加速"去家电化"，往生命科学、医疗诊断设备、新能源等新兴产业进军，而且将发展重心从 B2C 转向 B2B，在上游影响全球产业格局。

以索尼为例，2010 年收购美国伊利诺伊的生命科学公司，2011 年收购美国 Micronics 医疗诊断设备公司，2012 年与奥林巴斯密切接触，医疗设备市场无疑将成为索尼的新战场。松下则瞄准自动化零部件业务，将生产锂电池的能源部门和生产半导体、电容器、电路板的自动化设备业务部门视作新的战略重点。

从某种意义上说，多元化经营的松下、索尼、夏普早已淡化"家电"标签，产业转型与战略升级更利于增强老牌家电企业的全球竞争力，他们甚至担心海外消费者仍然以老眼光视其为"家电企业"。

反过头来看，中国家电企业的并购之路并不平坦，更何况中国企业海外并购鲜有成功案例。早在 2004 年，联想并购 IMBPC 业务、TCL 并购汤姆逊等轰动一时的并购都与今日美的、海尔、鸿海之举非常类似。12 年后再看，IBM和汤姆逊并未因为出售业务而衰落，反而实力得到增强。而联想、TCL今日状况，与12年前仍然非常相似，始终没有从战略层面解决未来即将到来的潜在危机。

除了海外并购必然面临的文化融合、业务稳定、团队培养等风险之外，行业衰落的大势更值得关注。当年IBM出售PC业务证明，PC行业已是夕阳产业。今天日本家电企业集体出售家电业务，实际上也预示整个家电行业在走下坡路，或许产能过剩，或许行业将遭逢颠覆，全球行业标杆的行为恰恰是最好的证明。今天海尔买GE家电、美的买东芝白电、鸿海买夏普家电，在未来某天必将陷入联想今日之困境：如何从日渐沉沦的行业大船跳下去，重新选一艘或者造一艘飞速突进的航母？

从本质上来说，中国家电行业与日本家电同行遭遇到同样的危机和瓶颈：能否像苹果一样创造出一款划时代的产品，重新定义家电，彻底颠覆行业。这个问题同样困扰今日中国智能手机等所有制造业、传统行业。只不过比日本企业幸运的是，中国是全球最庞大、最有潜力的巨大市场，消费升级还将带来更多机会，在解决制造环节的降低成本、提升附加值基础上，再多一些客户为中心的研发创新意识，甚至还能主动进行战略转型和经营变革，依然可以在家电行业称雄。

一些中国家电企业已经意识到接盘潜在的威胁，开始步入另一条转型路径。海信向GE学习，往医疗电子方向转型。TCL从2012开始在医疗电子业务布局，以医疗影像诊断设备为核心业务提供相关产品及系统解决方案。长虹以三甲医院为平台推出"妥妥医"App，入局移动医疗领域。

这些花团锦簇的场景看起来振奋人心。但令人担忧的是，中国家电已从海尔、美的、格力三足鼎立格局往海尔、美的两强争霸趋势演进。海信、TCL、长虹已经被拉开差距，如果再不抓住这波全球家电变局的并购、合作机会，像 2000 年家电行业进军互联网、2003 年家电企业集体造车及后来的家电企业进军房地产浪潮一样，以投机心态或者居安思危来一波医疗电子浪潮的话，5 年之后很可能被并购、洗牌，像小天鹅、华凌、熊猫等品牌一样退出历史舞台。

海尔买 GE，富士康吞夏普，美的拿东芝，以及未来还将发生的中国家电海外并购案，都预示着中国必将成为全球家电制造中心，而且会接替日本成为全球家电大国，与韩国并立两强。但是，长期来看，10 年之后，如果中国企业仍未在技术上赶超、品牌上突破，在规模提升、市场扩大的同时形成技术、品牌领先优势，"家电强国"迷梦仍将破灭。甚至要不了 10 年，5 年内如果出现 iPhone 这样的神奇，谁又将成为下一个摩托罗拉、诺基亚？

日本家电企业出售家电业务，对于中国家电企业而言是锦上添花，甚至是雪中送炭。不过，家电强国买不来，可是除了国际并购，中国家电企业似乎也找不到更好的超越路径。

时间是治愈疼痛的良药，它会给人们水落石出的答案。无论成败，海尔、富士康、美的这三桩并购案注定是可以载入中国商业史的经典案例。

以用户为中心，营销 3.0 时代的六个关键点

陈润：财经作家

在《营销革命 3.0：从产品到顾客，再到人文精神》（以下简称《营销革命 3.0》）著作中，"现代营销学之父"菲利普·科特勒将营销划分为三个阶段：

营销 1.0 时代：以产品为中心，营销是一种纯粹的销售，一种关于说服的艺术；

营销 2.0 时代：以消费者为中心，为消费者提供情感价值；

营销 3.0 时代：人文中心主义，消费者要求了解、参与和监督企业营销在内的各个环节，更多参与营销价值的创造，即"价值观驱动的营销"。

进入营销 3.0 时代，消费者不再是"目标群体"，而是"整体的人"、"丰富的人"；"交换"、"交易"被提升为"互动"、"共鸣"；价值主张从"功能与情感的差异化"升华到"精神与价值观相应"。虽然"营销 1.0"和"营

销 2.0"不会被完全取代，但"被网络连接的消费者正在改变着商业世界"，具有"人文精神"的消费者正在登上舞台。

移动互联网时代，营销变革的大幕正在拉开。据 CNNIC（中国互联网络信息中心）统计显示，截止 2015 年 12 月，中国网民规模达 6.88 亿，互联网普及率为 50.3%，网民数量是美国总人口的两倍多。其中，手机网民规模达 6.20 亿，网民中使用手机上网人群的占比达到 90.1%，手机网名数量超过美国、英国、德国、法国、意大利五大国家的人口总和。大势所趋，微信、微博、博客、视频网站、搜索引擎、电商平台、分享社区（知乎、分答等）……各种基于互联网和移动互联网的工具、平台方兴未艾，逐渐成为中国制造业营销创新不可忽视的力量，基于互联网的社会化营销已成为不可逆转的潮流。

当"营销 3.0"与移动互联网两股时代洪流汇聚，作为核心的人文精神将得到前所未有的体现。制造企业面对的不再是交易、买卖关系的消费者，而是需要持续维持情感和服务的"丰富的人"。用户购买产品的决定性因素不仅是产品质量和价格，还有更多个性化需求。市场关系、用户需求、产品开发等都在发生变化，营销方式必须创新，但是，万变不离其宗，营销应该关注最本质的东西——为客户创造价值，满足客户需求。移动互联网时代的营销创新，必须以用户为中心。

在经济学上有一个经典的"二八原则"，对于企业经营而言，利润的80% 往往来自于 20% 的忠实用户，而留住一个老客户所花费的成本还不到争取一个新用户所需的 20%。无论外界如何变化，中国制造业的营销创新方向要坚定"以用户为中心"。以此为基础，有六个关键点值得注意：

产品以精品聚焦。时至今日，产品思维依然是中国制造业最缺乏的管理思想，在互联网时代，这种弊病的影响会被无限放大。专注精品，制造稀缺，这才是中国制造业应该坚持的路线。越是消费者个性化细分的时代，产品越需要聚焦。传统制造业的粗放、模糊生产的理念不应该在互联网新型制造业中延续，企图"广撒网"，多生产产品来满足所有消费者的需要，最终将无法实现与消费者的对接，聚焦精品，才能赢得用户的信任。

品牌以心智定位。定位的表象是产品定位、战略定位，核心是在消费者心中树立独特位置，占领消费者心智，树立品牌形象。例如消费者对360的认知是以杀毒软件为主的安全公司，那么360手机就不算真正的品牌延伸。宝马以"终极驾驶机器"强调驾驭感，沃尔沃则以"安全"抢夺市场。以定位为中心，能树立良好的企业和产品形象，提高品牌知名度、美誉度，最终将有相应品牌名称的产品成功营销给消费者。

文化以价值驱动。企业文化的核心是以价值驱动，影响消费者的认同感和价值观。例如可口可乐的品牌价值并不是传播美国文化，而是代表"诚信、激情、乐趣"；肯德基不仅代表"西式快餐"，其实强调对美好生活的追求。包括可口可乐和肯德基在内，全球所有大公司的企业文化都符合主流价值观。正如菲利普·科特勒在《营销革命3.0》中所说："在混乱嘈杂的商业世界中，他们（消费者）努力寻找那些具有使命感、愿景规划和价值观的企业，希望这些企业能够满足自己对社会、经济和环境等问题的深刻内心需求。"

传播以应用创新。在过去的半个多世纪，"4P"营销理论长盛不衰。然而，渠道（place）慢慢成为独立的第三方力量，越来越不可控；市场日趋成熟，暴利再难持续，价格（price）的竞争力越来越弱；产品（product）贴近消费者的定制化、个性化趋势日渐明显；当新媒体崛起之后，传统媒体、广告宣传的传播（promotion）方式几乎全面失效。"失控"的局面中，要多尝试新应用，接触更多潜在用户，影响更多人群。

内容以创意惊喜。为了让用户对企业的品牌产生黏性，在信息发布和互动时要多提供有价值、有创意的内容，要有创造力和惊喜感。然而，大部分企业在传播信息时还停留在推送阶段，只是简单地介绍产品功能、价格优势或公司活动，却不知既没创意也没价值的内容用户毫无分享意愿，传播效果必然不尽人意。

服务以体验为王。在移动互联网时代，一切行业都是服务业，所有公司都是服务公司。随着公开、透明成为互联网主流，信息不对称被打破，消费者对服务满意与否能够通过互联网渠道快速让所有人都知晓，用户才是市场的主宰者，甚至掌握一家企业、一款产品的生杀大权。用户体验关系企业成败，过去产品交到用户手中就算交易完成，如今这才算交易开始，一切都被重构，体验为王的时代已经到来。

很少有企业家会怀疑"以用户为中心"的营销思想，却对互联网时代充满恐惧，甚至敌意。可现实是，可口可乐、IBM、华为等许多中外传统企业通过营销创新重新树立领导者地位，而特斯拉、红领、小米等新兴企业利用价值驱动开创新品类。用户不只关注实用价值，还希望品牌承载独特情感、精神价值及愉悦体验，而如何以最有效率、最有创意且名副其实的方式传递并延伸价值，正是中国制造业在营销创新中仍需深思的课题。

| 品牌新事 |

"李宁"的互联网转型逆战

陈润：财经作家

　　1984 年，李宁在洛杉矶奥运会横空出世，"体操王子"家喻户晓。1988 年，他从奥运赛场的吊环和跳马上跌落，有人寄来刀片和绳子劝他自杀。20 年后，2008 年北京奥运会，他在鸟巢上演"太空漫步"，举世瞩目，英雄归来。8 年过去，2016 年里约热内卢奥运会，李宁正和他的李宁公司一起从亏损泥潭中站起，尽管姿势看起来有些摇摇晃晃。

　　2008 年前后，"李宁"在奥运热潮中高速增长，到 2009 年销售额达 83.87 亿元，超越阿迪达斯成为中国市场第二名，直追耐克。此后，"李宁"不但未实现跨越，却在亏损泥潭中越陷越深。2011 年，李宁公司销售收入 89.3 亿元，同比减少 5.8%；利润 3.86 亿元，同比下降65%，增速下滑已初现端倪。2012 年，李宁公司亏损 19.79 亿元，这是自 2004 年上市以来的首次亏损，而且关掉 1800 多家门店，股价也从最高的 20 多元跌到最低的 4 块多。此后两年依然惨淡经营，2013 年亏损

3.92 亿元，2014 年亏损 7.81 亿元，3 年累计亏损超过 30 亿元。更严峻的是资金链告急，到 2014 年 6 月底，李宁公司净现金为负 2.67 亿元。

生死存亡之秋，李宁拯救"李宁"成为最终的唯一选择。2015 年，52 岁的李宁已半头花白，不过依然硬朗健壮，偶尔还能身体腾空翻个跟头再平稳落地，一如当年英姿。现在，他还要在商业赛场完成空翻，并完美落地。

2014 年 11 月中旬，金珍君退任代理行政总裁。2015 年 3 月，李宁重新出山，亲自操刀李宁公司新一轮变革。但李宁并不喜欢"出山"的说法，他自言"我一直在山外面，没有进到山里面"，从未离开公司。确实如此，员工每天都能看到"李宁"，公司运营中心位于北京通州光机电基地，办公区域的空地上有"李宁交叉"的塑像，卫生间门上也是这位大名鼎鼎的体操运动员。现在，真正的李宁回来了："公司我也喜欢去推动职业化的管理，我自己虽然是创业者，但是我是个冠军，太有名了，有时候就会把你团队的光彩全抢了，因此我就往后。但是今天公司的需要，社会市场也改变了，我需要出来跟大家更多地交流。"

拥抱互联网就是拥抱年轻人。2015 年春天，李宁开通新浪微博，炙手可热的互联网大佬雷军成为他第一个关注的人，此后依靠卖萌、调侃、鸡汤，短短两个月就聚集 51 万粉丝。在不久之后的全国"两会"上，李宁戴小米手环的照片被雷军转发，浓情蜜意引发公众对双方合作的猜想。3 月 16 日，李宁公司宣布从传统体育鞋服品牌转向智能运动领域，股价连涨 5 天。

4 个月之后，7 月 15 日，李宁公司联合小米生态链子公司华米科技推出两款智能跑鞋，李宁公司制作跑鞋，华米负责智能研发。智能跑鞋内置"智芯"组件，用户可自己动手将其安装在鞋底的凹槽中，通过小米运动 App 获得跑步时间、速度、计步、跑步建议等服务，李宁公司将其包装为"专业装备＋智能硬件＋移动互联网＋数据分析分享"的立体智能平台。同时，智能跑鞋首次采用"线下体验线上购买"的 O2O 模式发售。李宁兴致勃勃地评价："李宁智能跑鞋所尝试的不仅是创新产品体验和打破价格壁垒，更是在'互联网＋'的浪潮中打造立体生态圈，让智能跑步无感地融入国人的生活之中。"

在此后不到一年的时间里，智能跑鞋销售量累计 40 万双，智能足球、智能羽毛球拍、"小强"篮球鞋、儿童智能定位鞋等产品陆续上市。李宁透露还将推出智能服装产品，"通过传感器和一些数字分析，衣服可智能感应心脏、心跳、血压、肌肉等表现，指导用户运动"。

8 月 8 日，李宁公司迎来 25 周年庆，宣传口号由"让改变发生"重新回归"一切皆有可能"，并向"互联网＋运动生活体验"的服务供应商转型。除了进军智能运动领域之外，李宁公司还加快线上的电商布局，2015 年"双 11"，天猫李宁官方旗舰店销售额达到 1.25 亿元，天猫平台李宁品牌整体交易额超 2 亿元。从 2014 年到 2015 年，李宁公司电商渠道销售额占比由 5% 提高至 25%～30%。

李宁开始用互联网思维管理公司："过去一段时间，公司一直在开展管理扁平化的尝试，现在公司已经没有市场部了。公司的管理架构设置是以产品为导向。目前，向我本人直接汇报的人数为 50 人。"他开始亲自深入到产品推广方案的定价、口号等细节之中，这正是李宁公司以往每次变革实现快速增长的法宝之一。

对于互联网转型，李宁信心十足："在'互联网＋'时代，传统产业不是被颠覆，而是全新升级。"李宁希望在产品、渠道、O2O模式、跨界合作、消费者互动方式上发力，打造一个"数字化的生意平台"。他说："即便实现了销售，也要努力将用户留在平台上，进行持续的互动、社交，用户参与进来，有愉悦的体验，才更愿意购买。"

历时一年的变革成效立竿见影。2016年3月17日，李宁公司发布财报：2015年收入70.89亿元，同比增长17%。净利润1430.9万元，连续亏损三年后首次扭亏为盈。同时，销售点净增加507个达到6133个，经销商销售点净增加194个，自2011年以来重新恢复扩张。将近半年之后，李宁公司2016年中期财报出炉：到2016年6月30日为止，上半年收入达35.96亿元，同比上升13%。净利润1.13亿元，比去年同期亏损2900万元有显著改善。欢欣鼓舞中，李宁冷静表示，财务持平只是阶段性目标，最重要的是拥有持续盈利增长的能力。看起来，短期内他不会离开一线。

将线上线下打通的O2O进程仍在继续。2016年6月8日，李宁首家跑步店在上海中山公园龙之梦购物中心开幕，消费者将得到集专业跑步装备、跑步运动专业测试、运动社交为一体的多元化跑步服务体验。未来几年内，重视体验交互型的各类李宁门店将越来越多，李宁公司希望在产品研发方面能够融入科技体验、智能体验，店面能够提供运动、训练体验，真正将线上线下业务融合在一起。

批发模式的转型升级势在必行。李宁公司计划在三年内，完成从批发到零售的思维方式以及管理业务运营管理思路的转变，提高公司整体运营能力和赢利能力。李宁强调："必须有能力更直接地获取潜在用户的需求和运动习惯等相关的数据，才能进行消费人群的精准定位。"

电商是获取各项数据的有效渠道，2016 年上半年，李宁电商业务销售额同比增长超过一倍，未来三年计划将电商销售额占比从现在的 13% 提升至 20%。同时，电商不仅是线上销售渠道，而是向数字化运营方向的探索和实践。

李宁再次以业绩证明自己的商业才华，不过他一直自认为不是"标准商人"："我对交易和成本都不敏感，只是目标很明确。"无论在运动场还是商场，李宁的目标只有一个——冠军，他说："比赛夺得冠军是暂时的，当这个冠军一结束，新的比赛中你不一定是冠军。更多是追求冠军的激情、能量和勇气。如果没有激情，没有这个能量，很难真的追求冠军。"

1995 年，当李宁在商场春风得意时，火箭队以 4 : 0 的华丽战绩夺得 NBA 总冠军，火箭主教练鲁迪·汤姆贾诺维奇一句话成为经典名言："永远不要低估一颗冠军的心！" 20 年之后，用这句话来形容李宁的奋斗与拼搏恰如其分。

美的收购库卡的战略逻辑

陈润：财经作家

这桩跨国收购案一波三折，期间因为监管部门的质疑和反对有所中断，甚至引起中德两国总理的高度关注。

在 2016 年 6 月 16 日宣布子公司 MECCA 启动收购库卡股份的自愿公开要约收购之前，美的已经持有库卡 13.51% 的股份。到 7 月 15 日，美的持股已增长到 85.69%，美的为 72.18% 的库卡股份支付总额高达 3400 万欧元，收购报价为每股 115 欧，以此估值，库卡市值达到 46 亿欧元。8 月 8 日，美的收购库卡案尘埃落定，持股比例将达到 94.55%，交割将在 2017 年 3 月完成。

库卡拥有百年历史，被德国总理默克尔誉为"德国工业的未来"，在德国"工业 4.0"战略中占有重要地位。库卡既是全球主要的工业机器人生产厂商，也是全球领先的机器人、自动化设备及解决方案的供应商，专注于工业机器人制造、自动化控制系统两大业务。空中客车[1]、博世家电以及大众、奔驰、通用、克莱斯勒、福特等汽车生产商都是库卡的客户，为这些企业的生产线供应机器人设备。作为与瑞士的 ABB 集团、日本的发那科及安川齐名的"工业机器人四巨头之一"，库卡是纯粹的机器人公司，而另外三家还有其他业务，"四巨头"在全球机器人市场占有率达 60% ~ 70%，在中国的市场份额更高。

美的收购库卡无疑是看准机器人市场未来的巨大潜力。根据 2015年 11 月 23 日世界机器人大会公开的数据，中国每万名工人的机器人拥有量为 23 台，德国为 273 台，日本、韩国则超过 300 台。而国际机器人协会统计显示，2014 年中国市场工业机器人销售量约 5.7 万台，同比增长 55%，约占全球销量的 1/4。连续两年成为世界第一大机器人消费市场。对于自动化程度普遍不高的中国制造业而言，谁能成为工业机器人市场的中国第一，谁就是全球第一。

为了加快自动化、智能化步伐，美的自 2012 年以来购买 1000 多台机器人，自动化改造预计投入约 50 亿元。美的不仅关注到内部需求，也认准中国庞大的工业机器人市场潜力。而且，工业机器人符合对新兴产业的投资布局，美的董事会制定规则：不做劳动密集型产业，关注资本、技术密集型产业，尤其是面向未来且在中国还未形成优势的产业。

智能机器人是美的"双智战略"——"智慧家居 + 智能制造"的重要组成部分。2015 年，美的成立机器人业务部门，加快布局节奏。2015 年 8 月 5 日，美的与安川电机合资成立两家机器人公司，分别生

---

[1]　空中客车公司：Airbus，又称空客、空中巴士，是欧洲一家飞机制造、研发公司。

产工业机器人和服务机器人。2016 年 3 月，美的收购安徽埃夫特 17.8%
股权，后者从事工业机器人设计、研发、制造与系统应用，是奇瑞汽
车生产线的主要设计与开发者。收购德国库卡仍然是美的"双智战略"
的延续。

美的收购库卡之所以引发业界关注，除跨国、机器人、领导关注等
话题性强的因素之外，最大的亮点是从"捡漏"到"择优"。以往中国
企业海外并购多是亏损企业或夕阳产业，而库卡却是代表"德国工业 4.0"
未来方向的优秀企业，而且经营业绩稳步上升。这是值得关注的新气象。

收购之后的控股比例堪称"美的特色"，也可供中国制造业在资本
运作中借鉴。美的国际化征程已有将近 20 年历史，在许多国家都有合
资公司，与当地合作伙伴各占股份。最近两年收购日本东芝白电、意大
利中央空调企业 Clivet 等都是占股 80%，旨在与原有股东、高管团队共
谋发展。尽管持有库卡股份达到 94.55%，但不排除美的将以出售股权
或增资扩股方式将部分股份转让给原股东或高管团队，深度捆绑，长期
激励。

创业 48 年来，美的创始人一直以大胆放权闻名家电行业，手下的
职业经理人团队执行力和忠诚度极高，授权制度、激励机制是根本保障。
2012 年方洪波接班、2013 年集团整体上市之后，美的一直大规模推行
以股权激励为方向的核心管理人员持股计划，作为大股东的何氏家族与
职业经理人和谐共生、权责明晰，以增量资本为共同利益的奋斗目标激
励美的快速发展。这种行之有效的管控方式很有可能在库卡等被并购企
业中得以复制。

　　以收购进入机器人领域只是美的转型的战略之一。自从 2010 年美的突破千亿大关之后，何享健与方洪波就在反思"大规模、低成本、微利润"的传统模式能否持续。2011 年下半年，面对现金流为负数、负债率将近 80%、库存庞大、员工 20 万人的困局，方洪波"壮士断腕"，启动战略转型。在天津、江门、邯郸、合肥、芜湖等地关闭过生产基地，按成本价退还各地政府 6000 亩土地。同时，产品品类由 64 个减至 32 个，砍掉一半，产品型号也减少一半，低利润产品不再生产。同时，用三四年时间不断裁员，目前已控制到 10 万之内。做减法同时方洪波也在做加法，2015 年美的研发投入高达 53 亿元，占营业收入的 3.8%，而 2011 年只有 1% 左右。同时，从 2011 年到 2015 年，科研人员占比由 27% 提高到 47%，2016 年将超过 55%。方洪波提出"产品领先、效率驱动、全球经营"的三个主轴正在成为现实，其中"全球经营"最容易引起关注。

　　在美的收购库卡的报告书中有一句话："美的可凭借库卡在工业机器人和自动化生产领域的技术优势，提升公司生产效率，推动公司制造升级。"同时，美的可以帮助库卡扩大中国市场业务，双方披露收购后库卡在中国的营收将从 4.25 亿欧元提高到 10 亿欧元。此外，美的旗下安得物流将借助库卡旗下瑞仕格的物流设备和系统解决方案提升效率，拓展第三方物流业务。

　　从长远来看，机器人产业不仅成为美的"双智战略"的强力支撑，还有可能成为美的在家电之外的第二大支柱产业和未来方向。通过并购手握库卡、安川、埃夫特三张王牌，打通从研发设计、生产制造、系统解决方案到服务应用整个机器人产业链，美的将在三五年内跻身全球机器人产业前列。

环顾全球经济趋势和产业格局，欧美企业在衰退，中国有实力的优秀企业，尤其是制造业，应该通过收购加快占领技术研发制高点的步伐，整合全球资源和市场，以资本换时间、换空间，在下一轮全球制造业变局中成为领导者。

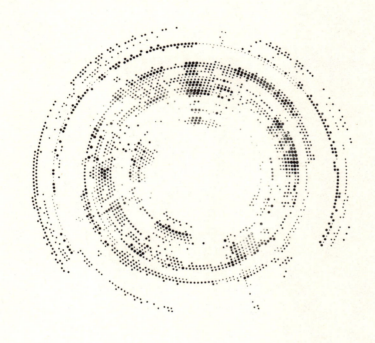

第四章　中国制造对新技术的探索

美的创新生态体系

胡自强：美的副总裁

从 2011 年开始，美的开始逐渐转型，当时美的内部已经意识到整个消费者和市场的变化，我们开始主动推动企业内部的转型工作。当时的做法很简单，就是专注开拓怎么做更的好产品。这几年，在产品改善、技术进步的推动下，转型为美的带来了新的契机。

一、美的集团产业发展历程

1968 年，从最初集资的 5000 元开始创业，美的到 1980 年进入家电行业，1981 年正式注册"美的"商标，在 1990 年销售规模达到了 1 亿元，10 年以后，2000 年销售额突破了 100 亿元，到 2010 年销售额已经突破 1000 亿元。2015 年，我们差不多达到了 1400 亿的销售规模，整体利润也有了很大的突破，利润规模超过 130 亿。美的得到了全球市场的认可，2015 年，美的进入福布斯全球 500 强企业排行榜；《财富》中国 500 强排行榜第 32 位；2015 年以 290 亿的品牌估价占据胡润品牌榜品牌价值家用电器第一名。在中国市场，美的的产品占有率达到了行业第一、第二的水平，我们还有一些产品处于第三、第四位，我们希望在 3~5 年时间里能成为第一二名。

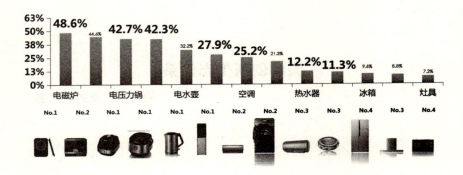

美的部分产品 2015 年国内市场占有率

二、美的集团对供给侧改革的坚定实践

1. 效率驱动

美的坚持做好产品，打造效率化，还有全球化经营。效率驱动，即智能制造，推进制造业的人少化、自动化和信息化，效率驱动涉及产业链端到端效率的优化。从 5 年前到现在，美的销售额变化基本不大，但我们整个员工的人数，已经从近 20 万人降低至现在的 10 万人左右，效率的提升有了很大的突破。在机器人的运用上，我们已经累计有超过 1000 台的机器人投入使用，自动化改造资金投入 50 亿元。

2. 积极布局机器人产业

我们也在积极布局机器人产业,希望在大的工业自动化的中间,进入机器人和工业自动化产业,对此我们进行了投资,并且与国外公司进行了合作,例如我们与日本安川合资设立工业机器人、服务机器人公司等。

3. 全球生产布局

除了中国的 14 个产业生产基地,我们在全球的整个产业布局上进行了一定的突破,我们现在在海外的 6 个国家有 7 家工厂,还有一些合作项目,这样有利于扩大美的在海外市场的影响力。

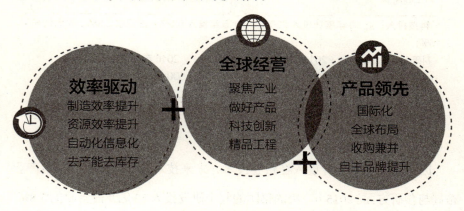

美的集团的供给侧改革的实践

三、美的集团的科技型企业思路

2011 年至今的 5 年时间里,我们的产品从质量、性能等方面,包括工业设计外观上都做了很多的突破工作,但对于转型美的还是有很大的提升空间。我们内部进行了重大的战略梳理,设立的目标希望在 3 年内建成世界一流的研发团队,5 年内在全球实现技术领先,这个技术领先要反映在我们的产品上，希望美的在全世界能够实现同类产品领先。

组建国际一流团队，三年技术突破，五年实现产品领先

差异化创新		性能指标 国际一流	高技术起点 切入产业
核心技术	未来技术	共性技术	产业布局与预研
·核心技术系统研究 ·储备国际领先的核心技术 ·搭建开放式创新生态体系	·未来技术系统研究 ·技术成果分步转化	·共性技术提升 ·部分技术实现突破	·推动产业技术布局、预研 ·支持产业并购

·科技投入：近10年累计投入300亿，2015年投入53亿，占营收3.8%，同比增长16%；

·科研人员：占比27%（2011年）→47%（2015年），2016年突破50%；

·人才结构改善：2012年整个集团博士20人，现在接近500人。

美的集团的科技型企业思路

1.研发体系

因此，我们将资金投入在核心技术、未来技术、共性技术，包括产业布局与预研方面。2015年，美的集团的整个研发投入53亿元占营收的3.8%，同比增长16%。在人员结构上也做了很大的调整，吸纳博士、硕士，还有外籍专家，重点打造我们的研发团队，研发人员从2011年占比27%到2015年占比达到47%，2016年已经突破50%。

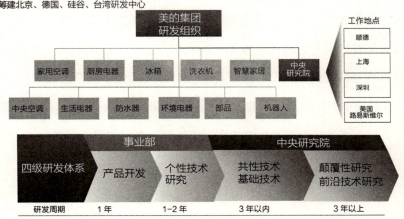

美的集团的研发体系

　　除了资源和人才方面，我们在组织架构上也做了很大的调整，现在整体组织架构是按事业部制，在每个事业部有一个产品群和一个研发团队，在这个事业部前面，研发团队，即有开发的团队，也有做研究和创新的团队，有两层研发的组织架构。开发是为下一年的产品做开发，研究和创新团队是为做下一代产品做基础储备和平台的开发工作。另外，我们两年以前成立了美的自己的中央研究院，中央研究院主要是对集团整个共性技术和未来技术进行研究。

　　2. 科技发展

　　最近，我们梳理了十大核心技术，包括流体技术、静音技术、变频技术、工业设计、材料及涂层、传热技术、EMC 技术、模具技术、人工智能、传感器，对此我们也投入很大的资源进行突破。除了集团内部的一些核心技术的整合和大的投入以外，我们也要形成自己的核心竞争力。对于对外资源的整合，也是作为集团一个大战略来推动。简单来说，尽管我们投入了很多资源在做研究、创新，但还是不能满足美的集团未来的发展和需要。所以美的需要更多外部的技术资源帮助我们做拓展，特别是在一些新型领域方面的整合。我们把整个外部资源的整合和连接做了几个层面总结：在国内，我们与中科院、清华、北大、浙江大学都进行联合研究和开发工作；在国外，与一流名校也有很多的合作项目，例如斯坦福研究院等。

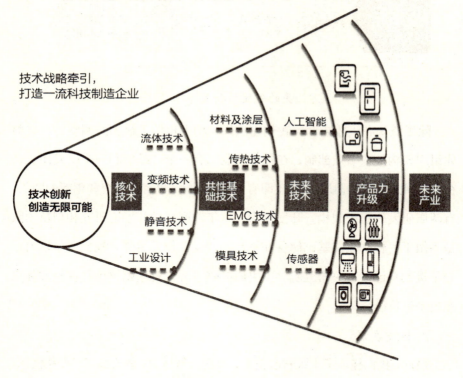

美的集团的科技发展蓝图

3. 创新平台

除了技术合作以外，技术的研究和投入，最后都要转换成用户的价值，下图就是美的的创新体系。2015 年，美的上线了一个创新创业的平台。在消费者的互动上，我们有一个与用户的共同创新的共创平台，还有技术资源的整合，包括供应链的同行、一些技术的合作伙伴，都可以在这个平台上进行对接。除此之外，我们还成立了一个孵化器，即美的有 10 亿元的资金池来投资一些创新、创业公司。同时，我们内部也设立了 1 亿元资金，可以对内部或外部的创新、创业项目进行投资。这些能够推动整个技术到产品创新的转化工作。

面向全球大众的创业孵化平台，线上加速，线下扶持，一体化运营

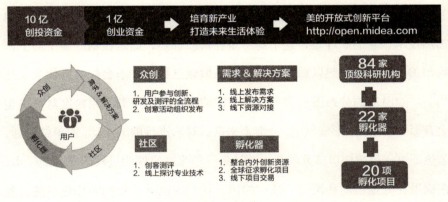

美的集团的创新平台

现在，有 24 家合作的研发机构在与我们对接，在全球的孵化器中，我们也有 22 家合作伙伴，内部有近 20 个项目在进行孵化。在广东的顺德投入了 30 亿元，建立了全球创新中心，实际上是整个美的集团的研究开发基地，占地 400 亩，可以聚集上万的研发人员提供开放的办公环境、充足的配套设施和完善的生活设施。

四、美的如何引领中国电饭煲产业走上世界舞台

以电饭煲的产品为例简单介绍怎么来打造好的电饭煲产品。做好饭煲有三个指标：好硬件、好软件和好生态。好的软件，要带有传感器、算法、智能功能来优化做饭的过程；好的生态是指要有好的米、好的水，指整个储存的环境；好的硬件，需要制造业拥有工匠精神。

简单介绍一下做饭为什么要有好的硬件。做饭的过程是一个加热的过程，一个加热米饭到熟的过程，重要的是这个米，在加热过程中要吸水，怎样吸水好，如何使整个温度的分布很精准。因此，美的采用了多段 IH 加热技术，它的原理是，这个锅不是在锅底加热，而是在锅的整个面上都均匀加热，这样加热以后产生温度，在做饭过程中，水会翻滚，使米受热均匀。除温度的分布很有讲究之外，锅的形状和锅里面的粗糙度对翻滚也会有影响，翻滚后形成气泡，气泡上去以后对米进行翻滚运动。简单做的话，加热即可。但想要口感好的话，要让每一粒米在烹饪的过程中充分地吸水，在锅里充分地运动和滚动。我们的锅，我们的锅盖，我们的加热系统，我们锅的形状，我们锅表面的处理，都有需要很多技术的沉淀。

好的软件，即锅的感知和算法。中国米的种类有很多，我们每年要耗费两吨的米来做各种各样的测试，研究饭煲加热的程序。在全国各地，米的生长环境不一样，因为各地土质不同，对生长都有影响。米放到锅里面，还有一个影响因素，海拔高度。同样的温度，在不同的海拔，做出来的米的口感不一样。在青藏高原用同样的温度做的话，做出来的饭不会好吃。在不同的海拔高度，不同的环境温度下，怎么把这个米做好，我们有很多

的技术积累的研究。把这些经验、算法集成到软件包里面，以保证在不同的米、不同的环境、不管什么样的情况下都可以做出一锅好的饭。

除了核心的算法以外，我们还有好的生态系统。这也是美的内部的创业创新的项目。有两个员工觉得要有一锅好的饭，一定要有好的米，这样会使得用户的体验更好。于是，他们自己打造了牛米网的平台，保证好米的供应。我们现在也形成了好米的生态圈，不光能在美的的系统里面买到好的锅，我们还有好的米可以与之配套。

从整个电饭煲的开发过程来看，要做好一口锅，首先涉及很多基础技术，例如热传感技术，加热控制技术，锅的成形、材料，曲线的分布，表面的基础技术等。其次也涉及很多研究工作，例如对各种各样的米，在不同的环境、不同的大气压下，烹饪米的过程中，烹饪曲线怎么进行优化。最后是提供一个好的生态链，保证大家有最好的体验，为中国的消费升级能够做出我们的贡献。

IBM 的智能技术与制造革命

徐习明：前 IBM 大中华区副总裁

革命性的推动力——智能制造

从 2015 年到 2016 年，马桶盖不光影响到了社交媒体，影响到了制造业，也影响到了两会。福建省委书记尤权在 2016 年两会的时候提到："我们泉州九牧生产的马桶盖，不比日本的差。"这不光是对九牧的肯定，也是对中国的民族品牌，对中国制造的一个肯定。

IBM 一直在转型，尽管未来不会自己生产马桶盖。但是，我们服务过很多企业，其中不乏来自制造行业的公司，其中就包括在卫浴行业颇有影响力的九牧。

卫浴行业是一个集中度非常低的行业，大家还处于"跑马圈地"的阶段，各个品牌在中国的市场占有率都还很低，其中排名前列的，一个是TOTO，另一个是科勒。当时，九牧集团董事长林孝发先生问我："我要战胜TOTO和科勒，你有什么要教我的？"我的回答很简单："你要靠品牌建设去战胜对手，其实挺难的，中国的消费者对国际品牌还是有一定的依赖。那么，该怎么去战胜这些国际巨头呢？靠智能制造是我们实现弯道超车的一种方法。"

目前，中国的人口红利正在消失。但是，我觉得现在真正的红利是中国的工程师们，通过多年的精研，像华为这些企业的成功，背后都是在借助庞大的工程师团队。"工程师红利"是我们在智能制造当中获得成功、弯道超车的关键。

中国是制造业大国，品类齐全，供应链完整。IBM早期帮助九牧构建过供应链体系以及标准化的生产体系。而近年来，我们则在做两件事情：

第一件事是强化它的研发体系。智能产品的研发跟传统产品的研发相比，一个最大的区别是数字化。很多国内领先的制造企业在工艺设计和工程设计方面都积累了很多经验，但是怎么在一个产品当中嵌入软件，开发它的智慧，是我们需要加强的。例如一辆智能汽车里面，可能有几百个IPD（Integrated Product Development，集成产品开发模块），其他智能产品也是一样，怎么使其能够和消费者互动呢？IBM在帮助制造企业重构这样的研发体系。

第二件事则是帮助九牧重构营销体系，为传统的品牌制造商更多注入消费者主导的基因。智能制造作为一个革命性的推动力，能够帮助制造企业绕开渠道，直接跟消费者沟通，洞察消费者的需求，帮助我们重新构建平台和生态。所以，我们看到越来越多的中国制造企业，尤其是消费型企业，同样正在借智能产品的东风重构自己的营销渠道。

时至今日，"互联网 +"、C2M（Customer to Manufactory，顾客对工厂）也使我们制造业能够有更多机会直面消费者。通过智能产品构建我们的生态圈，这是一个革命性的变化。

智能制造的灵魂来自于认知

智能制造，或者说工业 4.0，其核心是柔性化、智能化。这和工业的大规模化其实是矛盾的。怎么做到既能够有大规模，又能够有个性化？智能产品实际上是里面的一个革命性的突破。

过去，诺基亚为了满足不同的消费群体，大概有几百款 SPU（标准化产品单元），苹果至 2016 年 4 月只有四款，苹果通过硬件的标准化和软件的可定制化，实现了消费者个性化的体验。

这就要求企业要从单纯的工艺研发转型成数字化的研发。数字化的研发不光要研发数字化的产品，还要用数字化的技能洞察市场需求，用数字化的技能发现消费者的喜好。

智能制造本身不只是单纯的工厂自动化，不只是完成柔性化生产的变化，我们要重构一个价值链。在这个过程当中，整个价值链时时刻刻在产生数据，我们怎么利用数据反过来提升这个价值链的价值，这是每个制造业公司所要思考的。

未来的智能制造将通过物联网来连接，通过物联网来连接我们的生产

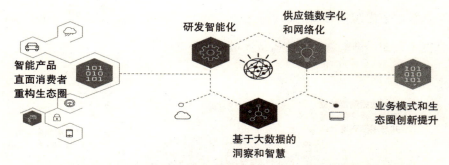

通过移动互联链接人、通过物联网链接智能产品和设备，基于云架构组织生态圈，以数据洞察为核心驱动力，贯穿参与者、产品与生产，实现跨界的协同，形成集制造和服务为一体的全球化价值网络。

关于智能制造的认知示意图

和设备，通过云的架构形成一个协同的网络，通过对数据的挖掘来协同洞察，形成智慧，从而形成制造和服务一体化的平台。所以，整个智能制造的灵魂来自于认知。

有了认知，智能制造才拥有了更值得期待的未来。最近在 IBM 的官方网站上有一张比较热的图片，看上去似乎好像跟传统的 IBM 有点不搭：在时尚的奥斯卡颁奖典礼上，一位来自捷克的名模，穿上了一件"认知礼服"。当今最主流的认知技术——IBM Watson 让这件礼服可以根据用户的情绪变化来产生不同的颜色组合，这在设计过程当中也是洞察流行需求。

传统的智能产品可以改变消费者的体验，而当它被赋予了认知以后，可以帮用户彰显个性。在智能产品里面，数据洞察除了帮我们更懂消费者，更懂产品，也能够帮助我们的产品更好地跟环境、消费者互动，产生更大的价值。

在生产过程当中，通过数据洞察，能够真正地优化我们的体系，实现个性化的交互。在研发过程当中，通过数据的洞察，可以帮助我们真正地从数据出发发现消费者的痛点。在我们的价值网络中，谁掌握了洞察，谁掌握了认知，谁就掌握了价值链里最有价值的环节。

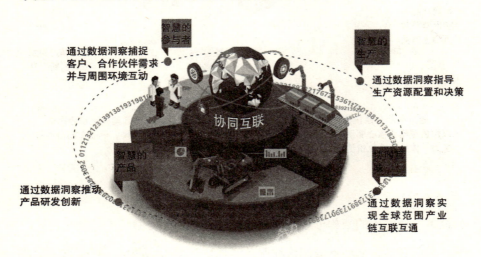

通过数据洞察捕捉客户、合作伙伴需求并与周围环境互动

智慧的参与者

智慧的生产

通过数据洞察指导生产资源配置和决策

协同互联

智慧的产品

通过数据洞察推动产品研发创新

协同互联

通过数据洞察实现全球范围产业链互联互通

认知计算为个性化体验强化了感知和互动，为柔性化交付提供了洞察和智慧

或许有人会问，究竟什么是认知计算？

认知计算就是利用很多的人工智能的技术，包括对自然语言、对语意、对过去文档以及对海量数据的理解，我们称之为大数据的规律和内容的一些理解。基于这些理解，最终形成了很多的洞察和认识，进而对我们的商业与个人行为产生很好的补充价值。

但是 IBM 认知计算对技术选择的目的，是为了帮助人类在商业领域，包括在一些工作场景中，实现更好的价值，创造更高的生产效率。我们把这些技术进一步的提炼，可分成若干个大类，简称为 URL，U 是指Understand（理解），R 是指 Reasoning（推理），L 是 Learning（学习），这三个字母的背后有着大量相关人工智能以及认知计算的一些技术。

　　认知计算需要的第一部分是拥有神经网络。 当年，深蓝在进行国际象棋博弈的时候采用的是暴力手段 (利用强大的计算能力 得出所有的可能)，其神经网络相当于小孩子的大脑。

　　好的神经网络是聪明的，但小孩光聪明不学习是不行的，这就涉及人工智能的第二部分——大数据和学习。AlphaGo 学会了下围棋，通过海量 的学习掌握大数据。这个小孩的神经网络也很强大，也很聪明，也读过很多书，但依旧不能为我们产生商业价值。 拥有了感知能力。能读会说，能听会讲，才是真正的智能。其中 包括视觉，包括听力，包括自然语言的识别，通过各式各样的传感器来获得对环境的感知能力。

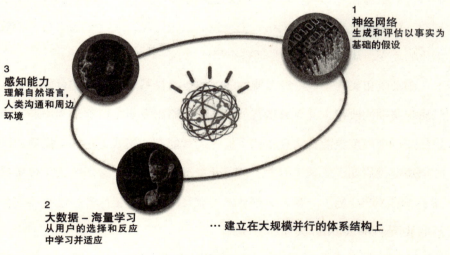

1
神经网络
生成和评估以事实为
基础的假设

3
感知能力
理解自然语言，
人类沟通和周边
环境

2
大数据 – 海量学习
从用户的选择和反应
中学习并适应

… 建立在大规模并行的体系结构上

认识计算示意图

打通整个价值链

吴晓波老师说，判断一代人和一代人的区别，不是在于他的年龄，而是在于他对新局势的掌握。

在智能制造的未来，认知技术就是新技术，就是制胜的环节。IBM 希望成为帮助中国制造业制胜的品牌。

那么，具体要怎么做？我们不妨看看制造业智能转型的实际案例。

美克家居是 IBM 的长期合作伙伴，它的转型之路非常漫长。

当时，美克在 BRT 系统建立标准化完备的基础上，开始基于大规模定制和工厂自动化等方向，进行智能制造转型。但是，它的转型不只是止于制造，而是通过全渠道的网络，全渠道的系统建设，通过销售人员营销数据化的改变，从前端到后端打通整个价值链。

在家居和家具零售领域，持续的关注点是最基本的客户交付能力——品质与交期的改善。美克家居智能制造的战略出发点是以客户为中心，希望打造一个高度灵活、信息化和个性化的智能制造模式，在保证品质的同时缩短交付周期。从试运行的工厂单元情况来看，改造之后的人工效率提高了一倍，产能翻了一番。据预计，美克家居的智能工厂升级能够将交付周期从行业平均的 120 天缩短至 5 周。

但是在这背后，实际上是一个非常复杂的体系，包括整个生态链的管理、计划层面的改变、生产执行层面的改变、互联网体系的支撑、数据化的管理。这只是转型的第一步，真正要把认知计算运用进去，还有很长的道路要走。

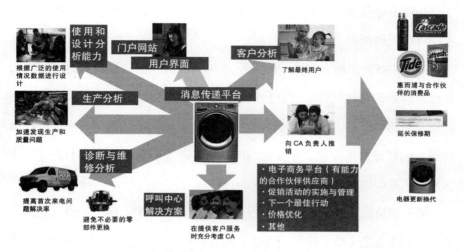

智能背后的认知改变惠而浦

惠而浦是另一家跟 IBM 合作的企业，我们可以发现，它的每一个产品都是被认知武装起来的智能前端，它会进行消费者洞察，从而了解消费者的需求。它会通过社交媒体的分析来知道未来的趋势。这些数据会通过生产分析来优化生产的过程，然后在产品的使用过程当中，通过预测性的检修来提高消费者的满意度和服务水平。

同时，它形成了一个开放平台，把这个平台开放给自己的客户人员，开放给负责维修的合作伙伴，从而改变整个生态体系，并且还成为一个数据的供应商。它通过了解用户使用洗衣机、烤箱的习惯，通过数据的合作来扩展价值链的体系，通过对物联网事实数据的洞察来推荐附加的服务信息，包括延伸产品的销售。例如，具有 Chef Watson（沃森大厨）功能的 Jenn-Air 认知型烤箱就可以了解家庭成员的餐饮习惯、健康问题和食物爱好，并针对每个成员推荐不同的健康食谱。

在这个过程当中，制造商能够洞察产品的性能，并为后续的产品和服务的优化提供依据。

未来的智能制造会包括智能服务、智能参与者，包括消费者、企业员工，甚至是企业的合作伙伴。通过协同互联，把整个体系建设起来，这条转型之路是非常漫长的，而我们要做的第一步是要打好基础，建好平台，经验告诉我们要提供柔性化、个性化的产品，并在背后重新搭建我们的标准化体系。这是中国制造业现在最缺乏的。

第一步是梳理标准，构建体系；第二步是建立洞察；第三步引入认知，通过认知改变整个价值链和生态链。制造业在以前的转型当中是很辛苦的，但是这次智能化的转型，确实是一个机会。大家比拼的是谁能够有更深的数据洞察，谁能够有更深的消费者洞察，谁能够有更深的产品洞察，谁能有更有创意的商业模式。这是所有制造业参与者都要思考的问题。而对消费者来讲，这次转型将会让每个人都觉得生活越来越美好。

通过技术创新转型为全球品牌

陈皞：AfterShokz 韶音总经理

众所周知，美国的 CES 是全球最大的消费电子展会，谁想在国际品牌上扬名立万，必须去美国露脸。美国的这个全球消费电子展览，它实际是顶尖的消费盛会，制造商、品牌商、媒体、渠道商和普通消费者都会去分享全世界最顶尖的电子品牌和技术。我们认为，要先去这种全球消费电子市场的皇冠上试一试，看看我们的产品是否有机会。在我们刚刚注册了 AfterShokz 品牌时，刚好有一款可以亮相的产品。当时资金有限，场地不大，开展前一天去布展，巨大的展馆里有很多著名的大品牌商，他们所占的面积，小的有几十平方米，大的则有几百平方米，而且都是独立展位，他们都是用起重机搭展台，非常豪华。我们胆战心惊地躲在 18 平方米的小展台里，看着他们几百平米里的几百个产品，而当时我们只有一个产品。

2012 年，中国的企业去 CES 的不太多，现在很多企业都会去，去

CES 容易，打开局面却并不容易。开展前一晚我们没有睡好，但第二天早上发生了让我们意想不到的事情，我们的展位一开展，展位就挤满了人。当时的情景是，几乎每一个观众到我们的展台前试用我们的产品，都会向我们的工作人员提各种各样的问题，然后给他的亲朋好友打电话，让他们马上过来体验，很快我们的展台就聚集了很多人。其中有一个观众特别喜欢我们的产品，后来趁着我们的工作人员不注意抓起四个产品扭头就要跑，幸亏一个工作人员眼明手快冲过去把四个样品拿了回来。因为观众从来没有见过这么新奇的产品，我们凑了七八个工作人员耐心解答观众的问题。第二天，有的工作人员累病了，两三天以后有一半的工作人员累得要住医院，最后坚持下来的都是身体特别强壮的，即便是这样，也是累得嗓子都哑了，筋疲力尽。除了观众的热情以外，还发生了很多意料之外的事情，比如开展的第二天美国最有影响力的报纸之一——《华尔街日报》给了很大篇幅来报道我们的产品，CES 每年都是在 1 月的 11 日开展，《华尔街日报》的效率很惊人，12 日报道就见报了，有了《华尔街日报》的报道，之后陆陆续续有一百多家媒体报道我们的产品，很快我们的概念就被传播了出去。

其实整个过程中我们根本没有花任何费用，既没花广告费，也没有花公关费。美国的媒体公正性和高效率让我们吃惊，只要你是新品牌，是好的产品，他们就会跟进。更加有趣的是，渠道商和品牌商也都来了，平时高大上的品牌，比如索尼、松下、BOSE，他们都到展位里面体验我们的产品，体验完之后一声不吭就走了。做制造商的会知道，这些欧美顶级的制造商，平时是非常傲慢的，想和他打交道难上加难，他们只与大的公司打交道，只有这些大公司来依托他们强大的品牌，他们才会有机会跟这些渠道商谈判进行商务合作，把他们的商品摆到货架上去销售。如果你不是一个有名气的企业，或者只是一个工厂，你根本找不到他们，而且即使找到他们也不会搭理你。但是，这些顶级的渠道商纷纷来找我们，比如在北美最具影响力消费量的渠道，除了苹果直营店以外，还有百思买集团（Best Buy），前后有 6 个工作人员到我们展柜面前体验我们的产品，跟我们谈商务合作的事情，这是我们平时做梦都想不到的事情。当时我们获得了华尔街年度创新奖，只发给全世界的创新企业。在中国企业中直到 2012 年，我们是唯一获得过这个奖的。

产品是品牌最好的载体

虽然这是个展览，但其实主要是针对渠道商的，有点类似于一个渠道订货会，最大的两个主角，一个就是品牌商，一个就是渠道商，这是他们之间相互沟通交流的好机会。我们借助这个春风，很顺利地进入了北美的顶尖渠道，例如苹果、亚马逊、电信运营商、百老汇等。如果大家有机会去美国，都会在这些顶尖的渠道商看到我们的产品。所有发生的这一切让我喜出望外，有一种一炮而红的感觉，这一切完全是我们没有想到的。我们后来总结，产品是品牌最好的载体，但如果你的产品是一个好的创新，是一个与众不同的创新概念，你会更加容易引起消费者、媒体、渠道商的关注。我们经常说要创新，创新往往是来自于一个好的与众不同的概念，一个让人听起来就是跟别人不一样、具有差异化的概念，这个是特别能引起大家的关注的点。

那我们的概念有什么不一样呢？我们是做耳机的，耳机行业是一个有很多年历史的行业，甚至成熟的行业，所有的耳机，包括铁三角、索尼、BEATS、LG、苹果等在内，这些耳机形态各异，但是它们都有一个共同点，就是都要堵住耳朵，而我们的耳机跟别人最大的差异就是它是跟这传统耳机完全相反的，它不用堵住耳朵。这个耳机采用骨传导技术，它直接有一个振动的扬声器，完全绕过了耳道和耳膜，这样的话双耳是开放的，非常安全。戴耳机更加舒服，不损伤耳膜，同时非常干净、卫生。这个耳机是一个完全轻型的耳机。将来的耳机会分成两种，一种是堵住的，一种是不堵住耳朵的，我们做了一个不堵住耳朵的创新。

这个耳机有两种使用场景，第一种是在户外的场景，比如跑步或骑自行车的时候，这个耳机可以让你一边听音乐一边听到周围的声音，非常安全。后来我们才知道我们的产品为什么会在美国 CES 引起这么大的轰动。因为现在流行跑步，最近有一篇文章很流行，叫《跑步是中产阶级的新宗教》，美国差不多有一半人特别喜欢跑步，而且他们特别喜欢音乐，所以他们在马路上跑步的时候会一边跑步一边听音乐。但是出了很多交通事故，而且社会影响非常大，一度闹到美国国会，美国国会讨论禁止在马路上一边跑步一边戴耳机。我们产品的出现，就很好地解决了这个问题。其实我们也是抓住了美国消费者的最大的痛点，所以才引起这么大的轰动。我们当时也只是误打误撞，在合适的时候给美国消费者提供了一个让他们的生活更美好的概念产品。

代工工厂的转型突破

虽然我们做了这个很有意思的创新，但我们不是一个创新公司，也不是一开始就做研发。9 年前，我们就是一个普普通通的小代工工厂业，专做对讲机、耳机的贴牌代工。客户来了就会把你所有的零件加在一起，给你例如 10% 的毛利，问你干不干，这就是代工企业最常见的谈判模式。所以代工企业就如同是在微笑曲线的最底端。做这个事情很没有意思，利润薄、没干劲、又苦又累，当时我们特别郁闷。有一次我们三个合伙人一起去散心，一边爬梧桐山（深圳的一处风景区），一边讨论，代工的日子哪是个头，我们韶音的一辈子注定只能代工吗？我们知道未来的日子会越来越艰难，竞争越来越残酷，成本越来越高。我们不能一直代工下去，我们一定要寻找突破，去升级转型，一定要想办法做品牌，让自己的利润丰厚一些。

2007 年年初，我们爬到梧桐山下面的好汉坡，我们就立志一定要做好汉，我们要升级转型做品牌。但是从哪里做起成为一个问题。我们曾经给别人代工的时候做过一种作战耳机，部队作战的时候，士兵可以听耳机命令协同作战，同时可以听到周边的声音，比如脚步的声音，这些对作战非常重要。但是它的骨传导有缺陷，很笨重、音量很小、频响非常的窄。我们想能不能把这个做轻便，把频响做宽，做到音乐的等级。学技术出身的我们决定开始创新尝试。

真正想做原创科技创新，其实没有我们想的那么简单，真正做起来很难，我们从 2007 年年初到现在，花了 9 年的时间，一共跨越了 5 代技术，今天终于成功。我们的第一代技术，又大又笨，现在很多领域还在用这个产品，包括国内的特警、武警、军队，而且我们这个产品还给国外供货，据说我们的产品供给了美军的特种部队，所以我们现在还在生产这个产品。第二代技术，我们把它体积变小，重量减轻，而且功耗很低，大音量。第三代技术就是扩频，提升音质，原来是2000~4000Hz，现在做到了100 ~ 20000Hz，之后出现了一个新的问题，漏音。从专业的角度来讲，它不是漏音，是二次传声，这个效果就像耳朵加了两个小喇叭，只要听音乐或打电话，周围的人都能听到声音，这让用户没有了隐私性，用户体验感降低。"漏音屠龙"是我们的专利技术，用这个技术把漏音降低了，现在又有一个悬浮减震，漏音再降70%，而且我们还借助第五代技术大幅度提高了音质。从2007—2012年，我们用了5年的时间，做了3代技术，两款产品，终于做了一款能够量产的产品，然后带着这款产品心惊胆战跑到CES，有了前面提到的大批的媒体报道我们，我们进入一些顶级渠道。我们终于不用做利润像纸一样薄的代工，我们可以做自己的品牌。

为何产品叫好不叫座

但是，美好的事情并没有发生。我们的产品进入这些渠道以后，卖得并不是特别好，只能说卖得平平，有点叫好不叫座的感觉。我始终相信一个好的品牌既能叫好也能叫座，要能让广大消费者接受，让它像雪花一样传播出去，就像我们使用的微信一样，真正好的品牌，真正好的产品，一定是具有这些特性的。

但是我们的产品没有做到，是为什么呢？后来我们反思，与消费者交流，我们自己带着去跑步，甚至跑马拉松，做市场调研，很快就发现了问题所在。这个产品有非常好的概念，因为是创新的好概念，所以特别成功，但是它还不是一个能达到用户体验要求的产品。类似的科技创新故事非常多，比如我们了解的汽车，其实汽车刚发明的时候，大家都追捧它，但它其实卖得不好，因为它还没有马车跑得快，而且它的安全性、操控性、舒适性都不行，甚至不可靠，开到几公里都有可能散架，只有不停地研究科技进步，直到它的舒适性、可靠性非常好的时候才能被消费者接受。我们的耳机亦是如此。

硬体验真正过关的产品才能成为品牌

为了让产品做成一个好概念，让用户体验得到满足，我们再出发，因为我们已经在路上了，我们只能硬着头皮上，用更加专注的精神打造迭代产品。有趣的是，我们不光自己有主动的意愿改善产品，我们的用户、合作伙伴都会要求我们这么做，甚至倒逼着我们做。2014 年的 1 月，苹果非常重要的一个人，当时他是库克的助理，找到我们，说很喜欢我们的产品，希望我们的产品进苹果店，但是经过试用我们的产品之后有点不满意。苹果对质量要求非常苛刻，他觉得我们的产品有两个问题，第一个是低频有点弱，振动有点大，必须要把低频调整好，振动要做好。懂技术的都知道这是非常矛盾的，但我们用了 7 个月的努力，终于在 2014 年 8 月搞定了这个技术难题，从此我们的产品走进了苹果的 Apple Store。2012 年至今，我们做了六款产品，一直迭代到现在。最新的产品又获得了很多的奖，比如 CES 的科技创新奖，爱迪生金奖等奖项。我们的最新产品和第一代蓝牙产品相比，体积很小，音质很好，漏音可以忽略不计，我们在每一个细节做到技术极限，做到了我们认为的所能达到的极致。终于，一切美好的事情都会纷至沓来。

微软在英国有一个帮助盲人的项目。用语音导航，让盲人在街上听到声音，不需要导盲犬就可以走路。微软想找一个最好的硬件载体，就找到了我们。2016 年，谷歌新成立了一个数字营销部门，在每个季度选 4 款产品做推广，它的门槛特别高，我们很荣幸入选了谷歌的第一批产品中。

美国有个老哥的测评节目叫 Unbox Therapy，他叫 Jack，是美国的网红，我们找过他，想付费让他帮我们做开箱测评，他拒绝了，他说他是中立的第三方。但是今年 4 月他自己在亚马逊买了我们的产品，做了很有意思的测评，并录制了视频，这个视频点击次数是 125 万次，有 3 万多的点赞。有一次我们的香港用户在跑步的时候偶遇了明星林保怡，他对我们用户戴的耳机特别感兴趣，拿来试戴之后对这个耳机赞不绝口；当红小生郑恺，也在微博上推荐了我们的耳机。到今天，我们的产品渠道已经铺进了欧洲、北美、日本、韩国、澳大利亚、东南亚、俄罗斯，等等。现在我们的产品进了这些渠道以后，卖得非常好。在当地顶尖渠道商和机场店可以看到我们的产品，我们的产品中终于做到了叫好又叫座。

从 2007 年年初开始，我们成立了一个项目，为此我们创新尝试了五代的技术。2012 年，我们生产出第二代的产品去参展，有了 CES 品牌的初步建立；2012 年之后到现在，用四年的时间做了六款产品，终于生产出能够被广大消费者所接受的产品，进了渠道能够叫好又叫座，引发更大的口碑效应。当然，未来我们还要努力，我们会进一步做技术上的攻关，做更好的产品，以满足消费者的需求。我们现在的技术是全世界同行中是最领先的，而且我们把所有的关键技术注册了全球的专利，我们的专利分布在中国、欧洲、美国、日本、韩国，甚至印度和巴西。直至今天，我们终于可以说我们具备了全球品牌的全部要素，技术、专利、品牌、全球渠道和全球非常好的销售。

回想这 9 年，我们从一个代工企业升级转型品牌的历程，这是个很漫长的过程，但是我认为很值得。今天的中国制造业，面临一个特别大的困境，就是大家都觉得制造业特别惨，无法继续。但是我想用我的亲身经历告诉大家，只要大家能耐下心来，踏踏实实地攻克技术难关，一步一步把产品真正做到极致，当你真正地把你的产品，把你的企业做到极致的时候，全世界都会向你走来，一切美好都会纷至沓来。

恒洁的产品创新

谢旭藩：恒洁卫浴副董事长

恒洁在 2016 年年初提出了要不要把产品的保修期延长到 5 年或 6 年的议题。恒洁今年会在市场上做出 6 年品质保障的承诺，现在在进行包装的调节。国际市场上一个智能马桶盖的售价大概需要 6000 多元人民币，但如果中国企业来生产这个产品，就达不到这个价格。也因为这样，我们更有信心和责任去做好智能马桶盖，让国内消费者通过比较合理的价格获得高品质的产品。

"没有产品创新，一切都是 0"。吴晓波曾多次提到，中国的制造业没有很好地做研究，没有在产品上提升其品质或功能。

提到马桶盖，就不得不提吴晓波，众所周知，2015 年春节前他的一篇文章，一下子把整个马桶盖的市场炒火了，甚至我们的李克强总理，也在不同的场合，包括在两会上提起了"马桶盖事件"，把"马桶盖事件"当成当今中国企业转型升级的一个案例，或者一个标志性事件。

　　今年 5 月，在佛山举办了一个关于推动智能马桶盖质量提升的活动，主题为"同标、同线、同质"，目的是想通过政府与企业共同的努力，把我们的马桶盖做好。由此，树立一种产品意识，一种创新意识，使得我们产品品质和功能都能得到提升，让消费者用到更好、更满意的产品。活动期间，我介绍了一些行业的情况，以及接下来中国制造业，或者说中国马桶盖企业的机会。并且我们不止一次谈到吴晓波的这篇文章对行业起到的促进作用，同时，也探讨了吴老师文章中某些值得商榷的方面。例如，吴老师在介绍游客到日本购买产品时，他忽略了"智能马桶盖在中国的普及率非常低"这一问题，因此，消费者在国内是没有机会去接触到这种产品的。而智能马桶盖在日本的普及率非常高，很多酒店也配备这种产品，所以消费者去日本旅游时，体验以后产生选择或产生购买的行为。并不是一个在 A 跟 B 两者之间的比较而产生这个产品好坏的判断。还有"中国的马桶盖不如日本？"，我们行业内的人很清楚，中国的马桶盖在很多方面都在创新，包括针对老年人马桶盖的使用状况，我们在三年前就考虑到了。

一、在用户体验与需求上"本土化"

　　中国的马桶盖企业有机会弯道超车，理由是什么？首先，马桶盖是属于电子产品，它的生产模式跟家电类似，而家电产业在过往的 30 年已经有很高的制造水平与工业基础，所以，中国是具备生产智能马桶盖这个能力的。其次，中国的市场，或者说中国的使用环境实际上跟日本是有不同的。

大家会容易忽略这一点，如果我们去日本，可以看到，日本的卫生间，首先在干湿分离这一方面是做得很好的，中国在这方面多半是达不到要求的。

在恒洁的工厂里，我们的产品首先要经过一道检验，也叫开发检验，即我们的马桶盖设计好以后，我们会开机，然后直接用花洒喷头对其淋48小时，给智能马桶洗个澡。因为在中国的很多地方，特别是南方比较潮湿，在马桶盖内部会产生水蒸气，或者有一些卫生间比较小，没有做干湿分离，水电在一起是很危险的，这些情况我们都需要考虑，包括中国的水质，而日本或其他发达国家的设计师是不可能考虑到的。中国北方的水质比较硬，会产生很多水垢，很多花洒很容易堵住。但是在恒洁，这种事情不会发生。美国的自来水甚至都可以直接饮用，但在中国可以吗？答案是否定的。

基于市场的具体要求是千差万别的，日本的研发人员不一定有这种良好的认知与体验，因为他们觉得不可思议。我曾经问过一个韩国马桶盖企业的老板，我问他："你的产品在中国跟韩国，维修率有不同吗？"他对我说："坦白讲，中国的故障率明显高于韩国。"这是为什么？原因就是我们的使用环境不同。如果中国的企业抓住这样的机会，也就是在用户体验、用户需求的层面上多投入精力研发，中国的企业是有很多机会的。

为什么只谈产品创新，不谈其他创新？其实，二者都是企业在经营过程当中，为了发展而采取的措施与行为，它们都会促进企业的发展。但是，我们要转变看问题的角度，不能一味创新，而是要思考一下，这些跟消费者有什么关系。任何创新和行为都要考虑到跟消费者的关系，站在消费者的角度，消费者所关心的或接受的，也是产品最应该注重的。产品是消费者付出了成本最希望获得的需求，或者说基本的要求。如果没有产品的创新，其他的就已经没有太大的意义。就如同对一个人来说，健康是 1，其他都是 0 的道理一样。

二、恒洁产品创新的要素

用户思维

产品创新，首先必须要有用户思维，也就是换一个角度，不是今天创新了一个什么东西，而是我们今天通过创新什么东西解决了消费者的什么问题。例如说网络上热议的十大反人类设计，这就是典型的缺乏用户思维的案例。恒洁在这方面非常注重，例如，老年人如厕问题，在经营过程和消费过程当中，我们可能会忽略行动不便的人群，像我们的智能一体机，我们在打开、控制冲水的时候，需要侧身弯腰，实际上对有些人是不方便的。老年人或者有一部分睡眠质量不算太好的人，他们来找这些按键，本身就是很麻烦的事。他们晚上起来要找这些东西，会刺激他的头脑，回去就睡不着。列举一个真实的案例，有一位客户说："你这个产品设计的不对，这么麻烦。如果说睡觉以后起来再来找这些东西（掀盖、冲水、烘干等开关），相当于去思考了一个很重要的问题，回去已经没睡意了。"我们这个产品就把它简化成一按就是开或关，根本不需要思考，而且还有夜灯的设计，晚上去洗手间的时候不用开灯光，不会刺激到头脑的清醒。

还有几个专利也是基于用户思维研发的，便盖触摸技术，主要是考虑到老年人在翻盖子的时候活动不方便，智能坐便器比较长，翻动的幅度比较大，所以我们设计了一个按键的功能。这种翻盖方法与感应自动翻盖是有区别的。自动翻盖解决了一个自动翻起来的问题，但同时它会带来不好的体验，比如说，自动翻盖是通过红外线信号发出，接触到物体，要进行判断，然后开启翻开功能。我们可以想象，如果我要去拿一个东西，或者是卫生间比较小，坐便器与洗手盆距离比较近，我在那里洗手的时候会出现什么情况呢？那个盖子会动，这叫物感应。上厕所时，它如何辨别男女？是掀一个盖子还是两个盖子呢？它没有办法判断。所以，我们在前面设置了女士可以按一个翻盖，男士的按两个翻盖。我们还有一个创新的核心，无线充电技术。

反观过来，我们在产品创新上第一要用反向思维，从用户的角度出发。第二，我们善于发现消费者细微的潜在需求，这个对创新很重要。第三，我们用坚持有用户价值的创新跟设计。我不赞同为了酷炫而过度的创新和设计，或者为了设计而设计，这是一种浪费。我们公司的一位高管把它统称为"骚包功能"，我们的创新要尽量少一些"骚包功能"。

一把手工程

产品创新的第二个要素是"一把手工程"。例如，当时在智能马桶的技术平台的选择上，有一个比较具体的案例。在日本，或者说在早期，大家用的都是储热式产品，用一个水箱，将其加热以后使其温度保持在38度，需要用时水箱的水就会出来。那它会产生什么问题？会存在连续使用马桶后，水温达不到要求，另外长时间不用时，为保持温度会有很大程度上的能源浪费。考虑到这些问题，那么接下来产品的技术方向是什么？我们认为可以研发即热式技术，松下在2009年推出了一款类似产品，恒洁是

2008 年开始研究，并且当时恒洁的技术已经成熟。所以恒洁与这些日本企业相比，研发新技术采用的时间相差不多。储热式与即热式相比，储热式的水箱的不足在于它的温度无法持续，因为只有一个小水箱，所以只能在比较短的时间内能使用。而即热式，是一个长期持续，可以长久使用。

在冬天或北方，即热式的优势就很明显。当时在选择研发的时候，即热式有几点难题需要去克服，第一是成本高；第二是技术难度大，它进水的温度、水压、电压，随时随地会产生变化，而我们需要在极短的时间进行控制，因为出来水的温度误差要保证控制在正负 0.5 度，这就要求我们的产品反应速度要非常快。这是一个技术瓶颈，难度比较高。但我们觉得这是未来的趋势，所以我们选择坚持研发即热式，也因此目前恒洁的产品在技术平台的水平上是有极其大的优势。

这些专利的整个研发过程，从概念理论的提出，到产品的实现花了整整三年时间。产品的创新与研发，是一个长期的投资，不能用短期的眼光去看待。因为这个产品是为恒洁在做坐便器的冲水上奠定了领先优势的核心技术。这个产品可以使得我们从普通坐便器国标的 6 升，减少到 3.5 升，节水 40% 多。我认为好的商业模式、好的产品必须既能为企业、消费者带来价值，同时又能为社会带来价值，我觉得这种产品或是商业模式是最棒的。在我们的生活当中也应该注意节水，保护水资源。

有效激励机制，是创新与研究无法要求的，它是要基于创造者的热情与喜爱。如果说他没有这种热爱的感觉，你不要要求他创新，或者说引领性的创新，最多就是给你完成任务。

专注精神

创新需要用户思维，需要一把手工程，需要有一个良好的氛围。但更重要的是，创新应该是源自于专注，恒洁的发展过程当中能体现这一点。恒洁 18 年的发展，一直坚持成为这样的产业，坚持这样的品牌，正是因为恒洁的专注，所以才有了这些创新。专注怎么来的？在我看来，专注首先是因为喜欢，也就是我的从业经验。我是属于创二代，我父亲创业以后，我跟我大哥两个人也比较早加入这个行业。当时加入这个行业，实际上是没有太多的选择。但是加入以后，我们经历了企业发展的很多过程，所以，这个企业就像一个小孩一样，看它一点一点慢慢地长大。我们的产品得到了消费者的认可，我很享受这个感觉。因为喜欢，所以才能用心去做。其次，喜欢以后，我们还得有一个明确清晰的企业战略目标。如果说没有清晰明确的企业战略目标，这种专注跟坚持，实际上叫"傻坚持"，也就是说因为这个行业有足够大的空间，整个市场容量，我们估算大概有 1400 个亿，空调大概有 200 个亿，空调的第一名、第二名基本上已经占了 80%~90% 的市场份额，格力空调可以占到 40% 的市场份额。假设 1400 个亿能占到 20% 是什么样？我们认为这个产业是一个大产业，并且中国的企业有很大的机会，中国未来应该会出现比较大的卫浴品牌，这是我们一直坚信的，也因为这样的坚信，我们才会去专注它。

三、恒洁"三问"

关注价值的创造,恒洁的发展历程也受到一些诱惑,包括互联网的发展,恒洁之所以能坚守，还有一个重要的是我们在看待事物的时候，看待一个新产业、一个新生意的时候，我们会问自己三个问题。第一，这是不是趋势，能不能持续，它能不能有大的发展；第二，我们的参与起到什么价值，或者说我们在这个过程当中创造了什么价值，例如炒房，我告诉大家炒房其实一点价值都没有，它没有创造任何价值，因为我们提前拿了一笔钱放给房地产商，把房子圈住划定了，明天就可以卖出去赚 20 万，这个过程我们究竟创造了什么价值？做产品，通过把一把泥土好好地去设计，最后成为一个可以使用的产品，可以提升人的生活质量的产品，我觉得这个过程是在做有价值的创造。所以价值创造是否具备十分重要，也正因为这样，我们才有清晰的判断。第三个问题也很重要，为什么是我们？在这个过程当中我们凭什么能优于别人，我们的优势在哪里？在一些新产业出现的时候，要考虑这些产业我们有没有能力做好，比如我们有没有这个能力挤进房地产前十名？显然没有，我们的能力就是把卫浴做好。

产品是企业价值观和能力的体现，最后都会投射到产品上，因为在产品的研发跟生产的过程当中是一个不断选择的过程，这里面既有想法，也有由想法影响产生的行为，所以我认为中国的制造业首先是先振兴，再正形，先想清楚为什么干，再考虑如何干。

技术创新的精髓在"创"而不在"新"

陈润：财经作家

一直以来，不管是技术创新还是模式创新、产品创新，我们都存在一个可怕的误区，认为创新就是做出前无古人后无来者的壮举，推崇开天辟地的路径，追求一鸣惊人的效果，但创新的精髓在"创"而不在"新"。所有改变世界的发明以及全球顶级品牌的创新，几乎全部遵循"渐进式改良"的模式，先模仿、学习，再创新、超越。就是微创新。

1885 年 12 月，美国亚特兰大药剂师约翰·彭伯顿（John S. Pemberton）在自家后院，从早到晚往简陋三脚架水壶中添加各种液体或粉末、树叶。他尝试把古柯葡萄酒中酒的成分去掉，添加各种植物萃取物做替代，希望新饮料能避开禁酒令的限制上市销售。为减轻植物的苦涩味道，他加入糖、柠檬酸、碳酸盐……一次又一次品尝棕色糖浆的味道。1886 年，彭伯顿终于发明出这个星球上最伟大的饮料——可口可乐。其实，可口可乐只是在当时已经普及的古柯葡萄酒的基础上，去掉酒精成分，加入大量糖浆、碳酸盐而已，并非惊世骇俗的发明，却畅销一个半世纪，已成为全球最有价值的品牌之一。

类似的故事还在飞机发明的过程中得以体现。1903 年 12 月 17 日，威尔伯·莱特和奥维尔·莱特兄弟轮流将一架造型简陋、后来被称作"飞机"的怪物开到天上去了，这个壮举意味着地球引力从此失灵，人类翱翔宇宙的历史正式书写。然而被公众遮蔽的真相是，莱特兄弟最早在 19 世纪 90 年代前期就从媒体、照片上知悉德国航空先驱奥托·李林达尔的动力滑翔机，也听说过各种蒸汽动力无人飞机和滑翔机试飞的故事。莱特兄弟只是改进飞机并亲自驾驶飞上天，却成为世人公认的飞机发明者。

同样，无论是奔驰、宝马，还是苹果、三星，这些世界级顶级品牌的创新都是"抄袭、剽窃"之后获得的成功。关于抄袭的批评和非议，微软、苹果、三星三大世界级科技巨头都曾遭遇过：苹果抄袭了施乐的用户界面，微软的 Windows 系统抄袭苹果，三星也因为模仿苹果的重要功能惹上专利官司。这三家企业在收获巨大商业利益的同时，也背负沉重的道德枷锁。关于专利和创意的争论是一场永无休止的战争，从某种意义上说，抄袭接近但并不等同于微创新，而某些专利权之争，可能是"微创新"不够埋下的祸患。

贯看中国互联网发展史，巨头的崛起轨迹莫不如此，马化腾、马云、李彦宏分别以通讯软件、电子商务、搜索引擎为"利器"，支撑起整个互联网的梦想。但是，马化腾的 QQ 模仿以色列几位网迷创造的 OICQ，却通过娱乐化和本土化的方式大获成功；马云的淘宝网模仿美国 eBay，却以免费将"鲨鱼"赶出了长江；李彦宏的百度是 Google 的中国翻版，却通过中文优势和单点突破稳坐中国搜索引擎老大的宝座。也许有一天，小米能把"师父"苹果赶出中国，这并非耸人听闻。

但是，很多人对模仿不以为然，甚至嗤之以鼻，"山寨"曾是"剽窃"与"抄袭"的代名词，在这个急功近利的浮华时代，人们认为创新可以凭空实现，异想天开与天马行空的"创新精神"总能收获掌声和鲜花，务实的尝试往往遭遇打击，"邯郸学步"、"东施效颦"更是传统观念中任人嘲笑的愚蠢举动。

务实者都主张微创新。马化腾曾毫不避讳地说："模仿是最稳妥的创新。"华为总裁任正非曾直言不讳地说："人家已经开发的一个东西我照搬过来装进去就行了，因为没有技术保密问题，也没有专利问题，装进去就行了，然后再适当做一些优化，这样才是真正的创新。那种满脑子大创新的人实在是幼稚可笑的，是没有希望的。"华为对创新的理解是：坚持资源共享原则，在 70% 模仿的前提下，进行效益最大化的创新。

不要小看微创新的力量，过去 10 年内在中国败退的跨国巨头：从过去的贝塔斯曼、百思买、谷歌、雅虎、Ebay 到如今颓势初现的沃尔玛、家乐福、DHL，都是败在微创新上。水土不服的另一种解读，就是没有找到产品和服务的痛点，无法深度理解用户，没有做到一切以用户为中心。对于所有已经或即将进入中国的外资企业而言，微创新是必须具备的意识和能力，这样还存在赢的可能，否则仍将一败涂地。

过去 30 多年，中国企业习惯并擅长微创新，将欧美、日韩发达国家的先进产品或技术加以改进、复制之后引入中国，继续发挥甚至提升产品价值，享受创新红利。毕竟做增量改进的回报巨大，而颠覆式发明创造的风险太高，所以突破性创新的动力不够。前世界银行首席经济学家林毅夫对全球经济和商业形势非常了解，他也认为，这种模仿加改进的方法非常适用于目前的中国，中国的创新不一定非要走发明创造的路。

微创新就是以每一个用户为中心的应用创新，这种创新大于技术创新，很少有颠覆性创举，就是在原有基础上经过不同的排列、组合，产生很多不同的效果。微创新理念的核心是一切以用户为中心，假如企业不能深度理解用户，将很难找到创新点，会被用户抛弃。所有微创新的背后都是企业对用户的深度理解。在互联网世界，简单理解用户远远不够，因为对手可能理解得更深，产品、服务就更贴近用户，让用户尖叫的概率更大，更具有竞争力。

避免死于技术：颠覆性技术创新与延续性技术创新

陈润：财经作家

技术创新如果陷入误区，极有可能"死于技术"，这并非危言耸听。

通过挑战和颠覆从而取代原有主流技术的技术被称为突破性技术，相对应的，延续性技术是指对原有技术做增量和改进的技术。马云曾说："在机关枪面前，这个形意拳、八卦掌、太极拳是一样的。"延续性技术改革只是把青铜器换成铁器，颠覆性技术改革是把冷兵器变成热兵器。如果只是一味追求技术的延续，而不关注当下和未来的趋势，那么延续性技术改革也只是饮鸩止渴。当你还在挖掘某一种技术的纵向潜力时，别人已经从另一个层面对你进行颠覆了。

20 世纪 60 年代，家电行业集体崛起，日本成为全球经济增长最快的国家，连欧美精英都赞不绝口："整个世界似乎都在被佳能复制、被尼康拍摄、被松下录影、被精工计时、被夏普的斑斓色彩魅惑。"到 80 年代，电视机逐渐取代钢铁，成为日本主要出口产品。10 年后互联网兴起，电脑取代电视成为新的传播媒介和娱乐工具。再过 10 年，智能手机后来居上，电视机需求量日渐萎缩，但日本家电巨头对全球产业变革和消费潮流置若罔闻，依然在傲慢与偏见中坚守电视机制造，错过智能手机的鼎盛时代，国内外市场在苹果和三星的剿杀中节节败退。2012 年 6 月接任松下总裁的津贺一宏也承认："日本企业对自己曾在技术和生产方面创造的辉煌过于自信，我们忽视了从消费者的角度看待产品。"家电巨头 30 年间对年轻一代的消费需求转变毫无知觉，今日被抛弃亦不足为怪。

日本企业一直以硬件技术和设备创新著称，但如今的产业趋势已发展成为软件、系统和解决方案等能力的竞争，商品开发能力成为日本家电企业新的短板，缺乏为用户提供"新生活方式"的想象力和创新力，注重单品精细化而忽视产业信息化意识，这样始终无法突破传统家电的禁锢，个性化和多元化无法体现。总结而言，日本家电行业希望靠延续性技术创新维持竞争优势，可事与愿违，反而因此节节败退，唯有颠覆性技术创新才能彻底改变颓势，浴火重生。

市场经济的规律往往就是这样：每当技术成熟或者规则形成的时候，就会有人出来挑战陈规陋习。如果他成功地打破规则，或者取得技术创新成果，建立新规则，那么一个新的格局就将建成，如此循环往复，生生不息。打破权威、挑战极限才是颠覆性技术创新可能成功的最佳方式。

周鸿祎说过："如果你按照巨头的游戏规则玩，你就永无出头之日。商业的规则都是用来被打破的。"这是他将近 20 年商海沉浮的经验总结，他自比为大闹天宫的孙悟空，无意中扮演了反抗者的角色，他说："美国人崇尚颠覆式创新，而不是跟在别人后面，因此颠覆者和破坏者都被视为英雄。在中国，颠覆和破坏往往是贬义词，被认为是麻烦制造者，因此在中国创新需要勇气。"

然而，仅有勇气还不够，从方法上来讲，中国制造企业如何避免陷入延续性技术创新的迷梦，实现颠覆性技术创新？

首先，建立颠覆性技术创新的常态化机制。一套成熟的机制是进行颠覆性创新的基础，比如美国的颠覆性技术就有多个组织配合，像美国国家研究理事会下设的国防情报局技术预测和审查委员会、未来颠覆性技术预测委员会，美国高级研究与发展组织内专设的"颠覆性技术办公室"等。中国制造业也应建立专门的部门去捕捉和发展颠覆性技术，比如一些大品牌已经成立新技术实验室、设立创新技术奖励机制、建立颠覆性技术预测部门等。

其次，把技术发展方向和市场机制相结合。技术发展和市场需求相结合能推动颠覆性技术的发展。一方面要打造颠覆性技术成长的温床，与其他新兴技术一样，颠覆性技术的发展有一个成长的过程，企业应长远看待颠覆性技术，进行培育和支持。另一方面要把技术转化为市场，企业要建立颠覆性技术的转化机制，更好更快地转化为能盈利的产品。对于中国制造业来说，智能化、环保节能化、个性化是主要市场需求，也是颠覆性技术发展的主要方向。

最后，强化基础技术研究和交叉学科研究。无数案例证明，无论市场需求带来的颠覆性技术，还是依靠重大科技突破带来的颠覆性技术，都必须夯实基础研究。除基础技术外，兰德公司在有关研究报告中指出，颠覆性技术往往源于各项交叉学科技术的融合。未来的技术发展也将越来越依赖多种学科的综合、渗透和交叉。家电企业目前已以意识到了学科交叉的重要性，许多家电企业开始和通讯企业，互联网技术企业进行合作，如海尔和阿里巴巴、美的和小米、格力和阿里巴巴等，以期孕育出颠覆性技术新的生长点。

进入 21 世纪之后，全球化、技术革新、信息传递等方面越来越快。在当前技术进步和产品变革急剧变化的时代，中国制造业应充分重视颠覆性技术可能带来的机遇和挑战，选择恰当的战略和战术，积极求变。不能满足于现有生产规模的扩大和低成本优势，加强对前沿技术的开发和产业化，不断提升企业自身的技术革新能力，抢占产业发展的制高点。

| 品牌新事 |

微软 **Win10** 的"破坏式创新"

陈润：财经作家

《2016 年上半年 Windows10 行业数据报告》显示，自 2015 年 7 月份 Windows10 系统发布至 2016 年 6 月，Win10 全球用户数量突破 3.5 亿，中国用户超过 6000 万。目前，Windows 官方商店有超过 65 亿人次访问，平均每天 1800 万次。单款 App 应用 Win10 版本单天导入量能达到新增 50 万用户。随着用户量持续增长，又一个 10 亿级用户的存量市场即将诞生。

闪亮业绩得益于 Win10 的免费策略。2015 年 3 月 18 日，微软宣布"今年夏天 Windows10（简称 Win10）将向中国用户免费升级"。这项决定在情理之中，又在意料之外。一直以来，微软的重要收入来源就是靠 Windows 操作系统向用户收取授权费。不过，近年来随着谷歌、苹果、三星等推行操作系统免费策略，微软在移动端的劣势日益显现。市场研究公司 Strategy Analytics 的数据显示，2014 年微软移动操作系统市场份额只有 3.0%，同比下滑 0.6%。峭壁边缘，微软放下身段，主动免费，并提出与奇虎 360、小米、腾讯等中国互联网公司进行战略合作，共同进行 Win10 免费升级。

免费策略是互联网时代流行的商业模式。不光软件免费，硬件早已开始免费潮流，"羊毛出在猪身上"成为大行其道的新商业理论。企业以"免费"吸引用户，通过服务和升级等增值收费。微软 Win10 免费只是开端，未来微软可能会转型成一家新型互联网企业，由软件收费慢慢转向提供云服务、消费者端设备产品的"免费增值"的商业模式，将部分免费用户转化为收费用户实现盈利，让其大张旗鼓宣扬的"Windows 即服务"真正成为现实。

"Win10 免费"的背后是微软以用户为中心的新理念。忘掉以往的 4C、4P，拥抱产品经理，让产品自己说话，变成自媒体。微软通过免费获得大量用户，然后收集用户体验数据，根据用户反馈找准痛点，不断改善升级，对产品继续创新，抢占竞争对手的市场份额，最终成为主流移动端系统，实现 PC、手机、平板、Xbox One 甚至即将推出的小屏智能硬件完美兼容，成为一个超级平台，最终实现万物互联。

这样的掘进方式似曾相识，腾讯、阿里巴巴、小米等国内本土企业都曾以此攻城略地，微软显然意识到本土化的重要性，而且颠覆得更彻底，中国企业习惯于"高配置＋低价"或者"低配置＋免费"的模式冲击市场，微软直接以"高配置＋免费"一站到底，在用户心中实现"超预期"，建立市场口碑，这是其他企业无法复制、望尘莫及的核心竞争力。

口碑的真谛是超预期，我总结为"口碑＝产品体验－用户预期"，

"Win10免费"深谙此道，这是一种自我颠覆的"破坏式创新"。微软在创新过程中没有过分增强功能强度，或者固有产品的简单升级，而是深入挖掘用户痛点——"收费"，这正是微软创新的源泉，通过商业模式改善缓解痛点给用户造成的或轻或重的痛苦。

从定点生产到产品快速更新迭代，从注重产品结实耐用到注重体验效果，从只卖产品到"产品＋服务"，从百货、代理、连锁、直营到电商渠道，中国制造业凭借创新一路走来，取得不错的成绩，也建立强大的自信。然而，互联网企业正不断对制造业形成强烈冲击，一些新生代企业家喊出要进行"颠覆性创新"、"破坏式创新"的口号，时机把握也不算太迟。任何时候发展和创新都不应该被反对，然而需要警惕的是：随波逐流的创新不能长久，没有方向的创新没有效率，破而不立的创新终将失败。有些企业急着要做黑暗里走出来的英雄，盲目创新，最终曲解破坏式创新的本意。

美国哈佛大学教授克莱顿·克里斯坦在著作《创新者的窘境》中提出，"破坏式创新"是指将产品或服务透过简易的创新，并以低价和简单实用为特色，针对特殊目标消费族群，突破现有市场份额。破坏式创新是"破坏者"与"被破坏者"的故事，企业要力争成为"破坏者"，避免成为"被破坏者"。

对于传统制造业和互联网行业而言，微软具有颠覆性的"破坏式创新"值得研究、借鉴。破坏式创新的发展模式有两种。一种是以低质低价进入市场，首先获得非主流低端消费者的认可，在不断发展的过程中进行产品升级，并影响主流消费人群，最终成为主流产品。另一种是预期到主流产品的空白地带，进入一个新的市场，新市场迅速扩展，最终吞噬主流市场，成为主流产品。不过，无论是哪一种破坏式创新模式，其本质都是为消费者创造价值，实现"超预期"，提升用户体验。

另外，破坏式创新有两大路径，其一是不太复杂的产品结构和技术变革，其二是以低价获取市场。这两条路都可以为消费者提供方便，去开辟新的需求，占领低端市场或新兴市场。但是，很多制造企业重盈利轻研发，打着低价的幌子去破坏市场，获得微薄利润。这并非真正的"破坏式创新"，以牺牲自身的利润率获得生存空间，利用低价加广告轰炸迅速扩大市场份额，通过这些手段带来的拔苗助长是不健康的成长。

"管理层做出的合理和适当的决策，可能会对企业的成功起着至关重要的作用，但也可能导致企业丧失其市场领先地位。"这是克莱顿·克里斯坦所指出的创新者所面临的困境。中国制造企业要大胆进行破坏式创新，以成本低、简单便捷和更好的用户体验，从而迎合低端用户，在市场站稳脚跟。占据一定市场份额后，迅速进入改良周期，推出更好的产品。切忌盲目模仿、山寨、侵权等"伪破坏式创新"。

透过"Win10免费"，可以明显感知微软本土化的力度增强，并且认真以"互联网精神"面对中国用户。过去10多年间，eBay、Yahoo、Google等互联网巨头黯然败走，症结就在这两大问题上，无论主动还是被动，今日微软的自我颠覆还算亡羊补牢，为时未晚。

"地沟油"变废为宝，生物能源的技术探索

陈润：财经作家

作为民营企业，要想在国企石油巨头庞大而坚固的垄断壁垒中做强做大谈何容易。夹缝求生的亚太能源左冲右突，东奔西走，终于在新能源领域站稳脚跟。不过，越是春风得意的时刻，创始人刘红军的忧患意识越强，他常常把企业放在峭壁边缘的境地思考出路，主动转型。说起生物能源的前景，刘红军满面春风："将一吨地沟油转化为生物柴油，至少这一吨地沟油不会再流回餐桌。"不见在商言商的精明，却有忧国忧民的担当。

2011年年初，刘红军成立河南亚太能源科技集团有限公司。除了原有的亚太石化之外，他新成立河南亚太能源科技有限公司，并购了河南星火生物能源有限公司。星火当时名存实亡，亚太并购时只有4名员工、8个储罐，多年生产储蓄的生物柴油还不到5吨，最致命的问题是

产不出达标产品。包括星火在内，当时新能源企业举步维艰的通病有三个：一是缺乏技术专家，不懂工艺技术；二是对原料供给、市场需求、产品认可度等掌握不准，盲目上马；三是产品质量不过关。

刘红军据此提出一个响亮口号："进军新能源，技术要领先。"他挖来经验丰富的职业经理人抓生产，招聘一批有专业技能的员工，建设新厂房和 10 万立方米储罐，组建生物柴油精炼成套设备工程技术中心和生物精炼工程实验室，投入 1000 多万元做科研。然而，被并购的星火公司生物柴油设备工艺落后，耗能高、成本高，改革收效甚微。刘红军遍访贤才，到清华大学、中国石油大学、山东科技大学等高校寻求合作机会，费尽周折，他回忆说："我是外行领导内行，跟技术专家谈生物柴油，人家老怀疑我是骗子。而且当时亚太很小，刚开始做，没来头，没效益，没品牌，所以闭门羹吃得多得很。"

借助外力无门，只能自力更生。刘红军从设备改造入手，走自主创新之路，通过一次次技术攻关、试验，屡败屡战，终于掌握具有国际先进水平的生物柴油设备制造技术。这套设备和制造工艺结构简单，操作便捷，能耗低，油脂利用率达到 98.5%，产品质量完全符合国家标准。依托技术创新，亚太的废油脂、废塑料裂解一体机、生物柴油精炼设备和生物柴油远销韩国、印度和意大利等地，取得在新能源领域的实质性成果。

渠道和销路逐渐打开，刘红军又担忧起原料问题。生物柴油的主原料棕榈酸化油全部从马来西亚等国家进口，一旦原料商提价，成本上升，亚太将毫无退路，只能坐以待毙。经过调研考察，刘红军做出石破天惊的决策：用"地沟油"提炼生物柴油。

众所周知，"地沟油"流回餐桌危害人体健康，流入江河造成水质污染，渗入地表导致土壤污染。不过，用"地沟油"生产生物柴油却能一举多得：成本低，来源广，更重要的是解决危害人类健康和环境污染的一大顽疾，利国利民。

然而，新的难题接踵而至。当时地沟油大量流入大中城市的酒店、餐厅，刘红军采购回收数量有限，好在国家很快出台政策，对地沟油回流餐桌的行为严厉惩处，亚太的处境柳暗花明。可是，地沟油成分复杂，臭味难闻，现有的工艺和设备无法将其顺利转化。刘红军新增脱臭系统，尝试用非酸性物质做催化剂，解决了酸水排放大、腐蚀设备严重的问题，终于研发出我国第一套以地沟油为主原料、达到欧盟标准的生物柴油精炼设备。

凭借坚持、钻研，亚太逐渐打通原料—生产—销售—再利用整条产业链，成为新能源领域的一匹黑马。进入 2015 年，刘红军又沿袭当年复制加油站的策略，开发出餐厨垃圾一站式处理方案。很多城市的餐厨垃圾处理运营不佳，不知道如何再生成生物柴油，无法变现、盈利，难以持续发展，亚太的方案、技术和设备则可迎刃而解。2015 年 4 月，亚太中标"佛山市南海区餐厨废弃物资源化用和无害化处理项目生物柴油系统采购项目"，未来将建造一条日处理废弃油脂不小于 20t/d 的生物柴油生产线。刘红军计划把这套模式复制到全国所有城市："只要餐厨垃圾找到合理的利用渠道，将来每个城市都要上餐厨垃圾一站式处理项目。"

刘红军希望互联网思维、大数据完善新的城市餐厨垃圾处理方案。

在他看来，产业链条要从饭店厨房开始，通过感应监控和大数据分析确定一家饭店餐厨垃圾数量，然后安装隔油池和油水分离器，垃圾收运车将其运输到餐厨处理厂，转化为生物柴油。他说："互联网确实厉害，信息化、数据化的一站式处理方案，肯定会减少人力、物力成本。"

近几年来，刘红军以河南省政协委员的身份在政协会议、河南省两会上几番提案，呼吁政府关注环保设备、生物柴油的发展。2014年春，他在河南省政协十一届二次会议上建议"加大对环保设备产业的支持力度"；在2015年河南省两会上，他建议"生物柴油应该纳入正常的销售渠道"，呼吁政府尽快落实生物柴油进入中石油、中石化的销售体系的政策。他说："现在我们需要政府做工作，这样对于空气污染、食品安全都有很好的促进作用。"当然他也没有忘记自己是亚太集团的一员，所以自然而巧妙地把政府利益和企业愿景说成是一回事。

关于未来几年的行业格局，刘红军沉吟片刻，吐露四个字让人有些莫名其妙："越大越大。"当下，生物能源行业还比较混乱，全行业不到100万吨的产量却容纳着超过100家生物柴油厂商，产品质量参差不齐。而且，生物能源行业有一条规律：一家生物能源企业去招标或做项目，必须证明自己在建或运营着同样的工程，有切实的生产产品。对方会实地考察资质，验证运营成效。所以，越大的企业在市场的自发整合中会强势成长起来。

今天的生物能源依然是激情与混乱共舞、暴利与风险并存的混沌状态，但洗牌的时刻终将到来。刘红军相信强者恒强的道理，亚太能源需要在行业忧患中奋勇争先，将理想实现。

图书在版编目（CIP）数据

转型之战：Made in China再出发 / 吴晓波频道编
著. -- 北京：中国友谊出版公司，2016.10
ISBN 978-7-5057-3856-0

Ⅰ.①转… Ⅱ.①吴… Ⅲ.①制造工业—转型经济—
研究—中国 Ⅳ.①F426.4

中国版本图书馆CIP数据核字（2016）第228591号

书名	**转型之战：Made in China再出发**
作者	吴晓波频道
出版	中国友谊出版公司
策划	杭州蓝狮子文化创意股份有限公司
发行	杭州飞阅图书有限公司
经销	新华书店
制版	杭州真凯文化艺术有限公司
印刷	杭州钱江彩色印务有限公司
规格	710×1000毫米　16开
	14.5印张　230千字
版次	2016年10月第1版
印次	2016年10月第1次印刷
书号	ISBN 978-7-5057-3856-0
定价	42.00元
地址	北京市朝阳区西坝河南里17号楼
邮编	100028
电话	（010）64668676